DEUXIÈME PARTIE

LA

SCIENCE DES INTÉRÊTS SPIRITUELS

LA FRANC-MAÇONNERIE

RELIGION SOCIALE

DU

PRINCIPE RÉPUBLICAIN

DEUXIÈME PARTIE

LA SCIENCE DES INTÉRÊTS SPIRITUELS

PAR

J.-P. MAZAROZ.'.

SEPTIÈME

PARIS

CHEZ L'AUTEUR

94, BOULEVARD RICHARD-LENOIR, 94
ET DANS LES LOCAUX MAÇONNIQUES

14 JUILLET 1880

PRÉFACE

SECTE ET FAMILLE

A

EXPOSÉ

Tous les intérêts ont pour base la matière et pour sommet l'esprit, — l'intérêt matériel est donc celui du moment, tandis que celui spirituel est généralement l'intérêt de l'avenir.

Celui qui sacrifie ses intérêts d'avenir à ceux du moment est un fils cadet de la Nature, qui demande en quelque sorte à souffrir pour progresser, et dont la prière sera largement exaucée.

Ayant traité la science des intérêts du moment dans la première partie de ce chapitre, je vais étudier celle des intérêts d'avenir de l'homme et des sociétés.

Avant la Révolution de 1780 la servitude des populations était organisée par les droits féodaux fils de la conquête des Francs, puis, par les dogmes et mystères des sectes sacerdotales : — La Révolution anéantit la féodalité, prit les biens de ses familles privilégiées et détruisit le droit de réunion professionnelle, afin que les populations ne puissent pas profiter de la destruction des entraves sociales qui venaient d'êtres brisées par la France entière dans la nuit du 4 août 1789.

La Révolution remplaça, ou plutôt, les chefs de la Révolution remplacèrent l'entrave de la grande propriété féodale et de ses droits abusifs par les sectes scientifiques et les corporations privilégiées, qu'ils conservèrent et développèrent sur les ruines des corps populaires d'arts et métiers.

Comme cela arrive toujours, le despotisme du sabre remplaça ou plutôt continua le despotisme civil ; — le despotisme du sabre fonda le concordat, lequel fut créé pour établir le terrain de l'alliance légale des deux grandes sectes scientifiques et sacerdotales, en les conviant de s'entendre sous peine du retrait des faveurs du budget, le tout, — afin de boucher scientifiquement et dogmatiquement toutes les voies émancipatrices que la succession des temps et des âges ouvre périodiquement aux populations, comme pour les aider à s'affranchir de la servitude des impôts de l'argent et du sang.

Ce contrat conclu tacitement mais réellement, les sectes scientifiques se mirent à l'œuvre pour construire le pôle négatif du progrès qui s'appelle les sciences analytiques, contre lequel vient se briser constamment chacune des aspirations populaires pour les sciences naturelles.

De leur côté, les sectes sacerdotales continuèrent à étouffer le développement des sciences naturelles, en faisant de plus en plus passer les trois clefs de ces sciences pour des mystères qu'il était criminel de chercher à connaître, savoir :

1° La Trinité qui représente l'égalité et le travail dans la Maçonnerie comme dans la vie éternelle.

2° L'Incarnation qui représente le moyen pratique de la reproduction universelle dans la Nature.

3° La Rédemption représentant l'organisation de la mutualité, la réciprocité et la solidarité, qui sont les trois vertus maçonniques devant émanciper les populations, lorsque ces vertus seront mises légalement en pratique par le travail et les intérêts organisés.

*
* *

La mise à exécution de l'esprit du concordat fut retardée par les luttes des sectes sacerdotales contre les écrits de Voltaire et Rousseau ; — le clergé accusait ces écrivains d'être la cause de la Révolution et partant de la confiscation de leurs biens.

Pendant ce temps, les sectes scientifiques épuisèrent tous les arguments possibles pour calomnier, ridiculiser et maudire les corporations d'arts et métiers dont la destruction fut appelée mensongèrement par elles, l'ère de la liberté du travail.

Le premier Empire maintint l'accord entre les deux grandes sectes, mais la Restauration fit considérablement pencher la balance en faveur des sectes religieuses, ce qui jeta momentanément celles scientifiques dans le parti libéral ; — cette union antinaturelle amena la Révolution de 1830.

Après la révolution de 1830 les deux grandes sectes reprirent leurs situations égalitaires établies par le concordat, — alors, les sectes scientifiques plus libres, cherchèrent de toute part et laborieusement le mot de l'énigme posée aux nouvelles corporations privilégiées par la révolution de 1789, — on se rappelle à ce sujet les mémorables paroles du savant Guizot que j'ai citées en tête de mon *Histoire des Corporations françaises d'arts et métiers.*

Pour l'intelligence du sujet de cette préface, je crois utile de reproduire ici l'enseignement de ce penseur :

« La Révolution a détruit le gouvernement de l'ancien ré-
« gime, mais elle n'a pas encore construit son propre gouver-
« nement. La France de la Révolution n'est point encore assise
« et constituée. — L'incertitude et la confusion règnent dans
« son sein ; le bien et le mal, le vrai et le faux, les éléments
« de l'ordre et les semences de l'anarchie y fermentent encore
« pêle-mêle et au hasard ; elle n'offre pas, enfin, à tout les
« intérêts qui lui appartiennent de droit, les avantages d'un
« ordre de choses complet, réglé ; et il en est qui se séparent
« d'elle pour chercher ailleurs, même avec péril, ce qu'elle
« ne leur procure point... C'est une œuvre d'ordre et de pa-
« tience que la France de la Révolution doit accomplir. »

*
* *

L'esprit des paroles ci-dessus était dans toutes les intelli-
gences après la révolution de 1830 ; — mais comme les
classes dirigeantes ne voulaient pas émanciper les populations par le règne des collectivités, — les sectes scientifiques
et les corporations privilégiées cherchèrent un replâtrage
social qui pût leur permettre de rester indéfiniment au gou-
vernail des destinées du peuple français.

Ce fut alors que les idées les plus originales furent accueil-
lies, discutées et momentanément adoptées ; — le Saint-Simo-
nisme, le Fouriérisme, la religion Evadienne, etc., eurent tour
à tour le don de passionner les chercheurs, qui abandonnè-
rent plus tard ces doctrines comme étant trop larges ; —
car, en résumé, ces chercheurs ne voulaient qu'une formule,
enfin qu'une espèce de montage de coup dans le genre du système atomique de Démocrite, de la substance cosmique des
astronomes du dix-neuvième siècle ou des molécules univer-

selles des encyclopédistes ; — afin d'enrayer officiellement les recherches sur les sciences naturelles en les limitant à tout ce qui est **concret**, c'est-à-dire, **épais, condensé**, et **non-liquide** comme disent les dictionnaires ; — étant bien entendu, que la formule cherchée si laborieusement alors par les sectes scientifiques était celle d'une science individualisant toute chose, ce qui est la **signification morale** (*si je puis m'exprimer ainsi*) du mot concret.

B.

LE POSITIVISME

L'individualisme, devenu pur (*socialement parlant*) par l'anéantissement des corps d'arts et métiers, trouva sa formule scientifique si longtemps cherchée dans les principes de l'école positiviste fondée par Auguste Comte et continuée par ses deux principaux disciples, le docteur Robinet et M. Littré.

Par la même anomalie qui accompagne et se produit sous toutes les formes dans les sciences individualistes, — la formule de la science concrète donnée par le positivisme fut assimilée dans la pratique scientifique avec le système atomique, qui représente pourtant l'hypothèse la plus invraisemblable qui ait jamais été inventée par les cerveaux malades.

D'un côté du globe scientifique, en effet, on voit gravé la foi dans tout ce qui est **épais, condensé** et **non liquide**, ce qui signifie **non fluidique**, — cela représente la foi exclusive dans ce qui est précisé et déterminé matériellement, enfin, dans ce qui exprime un objet particulier et **individuel**.

L'autre côté du globe scientifique des sectes modernes est

occupé par les formules exclusivement employées pour étudier les éléments de la science individualiste, qui sont circonscrits comme il est dit ci-dessus par et avec :

1° Les molécules universelles,

2° Les atomes universels,

3° La substance cosmique universelle.

On voit combien la conscience publique a eu raison de rendre synonymes les mots positiviste et matérialiste, de celui d'opportuniste.

*
* *

Aussi, les sectes scientifiques modernes ayant trouvé dans le positivisme la formule scientifique pour continuer la servitude légale des populations, ont glorifié en ces termes l'œuvre d'*Isidore-Auguste-Marie-François-Xavier* **Comte** :

« M. Comte fut illuminé des rayons du génie. Celui qui, à
« l'issue de la mêlée confuse du dix-huitième siècle, aperçut
« au commencement du dix-neuvième siècle, le point fictif
« ou subjectif qui est inhérent à toute théologie et à toute mé-
« taphysique; celui qui forma le projet et vit la possibilité
« d'éliminer ce point, dont le désaccord avec les spéculations
« réelles est la grande difficulté du temps présent; celui qui
« reconnut que, pour parvenir à cette élimination, il fallait
« d'abord trouver la loi dynamique de l'histoire, et la trouva;
« celui qui, devenu, par cette immense découverte, maître
« de tout le domaine du savoir humain, pensa que la sûre et
« féconde méthode des sciences particulières pouvait se géné-
« raliser et la généralisa; enfin celui qui, du même coup, com-
« prenant l'indissoluble liaison avec l'ordre social d'une phi-
« losophie qui embrassait tout, entrevit le premier les bases

« du gouvernement rationnel de l'Humanité ; celui-là, dis-je,
« mérite une place, et une grande place, à côté des plus illus-
« tres coopérateurs de cette vaste évolution qui entraîna le
« passé et entraînera l'avenir. »

(*Dictionnaire universel*, tome IV, page 821, deuxième colonne, troisième alinéa).

Ce panégyrique restera évidemment comme la profession
de foi scientifique du système de société matérialiste, appelé
l'**Individualisme pur.**

.·.

Voici les principes dans lesquels tout le positivisme se
trouve condensé :

Positivisme. Système de **Philosophie** qui rejette toute
conception métaphysique ainsi que toute étude du surnaturel,
et fonde la science tout entière sur les faits **matériels** et
palpables.

(*Dictionnaire universel*.)

Peu de mots suffiront pour démontrer que le positivisme
n'a aucune base, enfin qu'il n'est qu'une formule de secte.

Comme système philosophique, M. Dupont White a lumineusement démontré par ces mots que : — le positivisme est
l'ennemi de toute philosophie :

« *La science positiviste affirme qu'elle suffit à l'homme, quand*
« *elle fait profession de ne connaître que la matière, les propriétés*
« *de la matière, les lois de la matière. — Pour premier effet de*
« *cette affirmation, vous voyez disparaître de l'esprit humain la*
« *religion et la philosophie.* »

Le positivisme est donc bien l'antithèse de toute espèce de philosophie; en effet, la philosophie est la science des **pourquoi**; or, le positivisme n'admettant que ce qui est matériel et palpable, il paraît donc l'ennemi naturel de toutes les questions posées par l'homme au génie créateur.

Le positivisme ne peut nullement prétendre au titre de système matérialiste ou plutôt au côté scientifique de ce titre; — puisque, pour expliquer la matière à sa convenance et selon les passions individuelles, le positivisme prend une base hypothétique et par conséquent absolument immatérielle que l'on appelle **le système atomique**.

En plus, l'acte le plus matériel de la nature est la transformation de la chair, dont le changement de la chenille en papillon est la preuve la plus brutalement matérielle (si je puis m'exprimer ainsi); — mais, comme la loi matérielle de l'incarnation gêne ses idées individualistes, le positivisme ne croit pas à l'Incarnation, — donc, le positivisme est bien l'antithèse des sciences matérielles.

Je refuse également au positivisme le titre de science mathématique, puisqu'il repousse et ne connait même pas la philosophie numérique, c'est-à-dire la science des nombres, qui est celle des Védas, de Zoroastre, de Moïse, de Pythagore et du Christ, enfin, cette philosophie scientifique est celle de l'institution aussi vieille que le monde civilisé, — j'ai nommé la Franc–Maçonnerie.

Nous arrivons au côté grotesque :

Le positivisme ne peut même pas soutenir justement qu'il ne croit qu'à ce qui est **palpable**, puisqu'il a foi dans la subs-

tance cosmique qu'il croit apercevoir au milieu des nébu-
leuses de l'espace infini, substance qui n'est en réalité que
des amas d'étoiles.

Si le positivisme est absolument opposé aux sciences ma-
thématiques on voit qu'il caresse la métaphysique, puisque
les amas de substances cosmiques indiquent une espèce de
fabrication surnaturelle de mondes et partant d'êtres, dont les
positivistes espèrent sans doute démontrer l'évidence lorsqu'ils apercevront les cheminées des machines à vapeur de
ces fabriques lointaines, à l'aide de nouvelles lunettes plus
puissantes que celles mises à leur disposition par les obser-
vatoires.

Les positivistes sont donc bien réellement des métaphysiciens, mais des métaphysiciens grotesques.

En disséquant moralement le positivisme comme je viens
de le faire, j'ai voulu démontrer que : — les formules dans
lesquelles les sectes scientifiques parquent le progrès indéfini
des peuples est bien une spéculation purement politique, c'est-
à-dire absolument matérialiste; — je pense avoir obtenu ce
résultat.

C

LES SPÉCULATIONS POLITICO-SOCIALES

La profonde et perfide intelligence de l'entente tacite des
sectes scientifiques et sacerdotales du dix-neuvième siècle
saute aux yeux.

En effet, une fois la servitude des populations bien établie
et acceptée par l'impôt de l'argent et du sang, le positivisme
vient exposer ensuite à l'homme ce grand sophisme :

Tout ce qui existe dans la Nature est logique parce que cela existe, mais dans la crainte de s'égarer, il ne faut croire qu'à ce qui est matériel et palpable, — c'est-à-dire à ce que l'on voit et ce que l'on touche.

On comprend que l'absence absolue de la recherche des causes, des sources et de la légitimité des origines est bien le mot d'ordre de la spéculation sociale moderne; — mot d'ordre que l'auteur du positivisme a eu l'adresse de formuler scientifiquement, mais dont l'invention revient aux économistes physiocrates de la Constituante de 1791, et avant eux aux sectes pharisaïques de l'ancienne Judée ainsi qu'aux philosophes de la décadence grecque, lesquels tenaient ces fourberies des philosophes indiens de la décadence brahmanique.

En second lieu, lorsque l'homme chercheur veut étudier les causes des lois naturelles qui lui semblent avec raison être en opposition complète avec notre système social, — il rencontre le catholicisme qui lui dit :

Les lois naturelles sont renfermées dans trois mystères impénétrables, qu'il est défendu à l'homme de sonder.

*
* *

La spéculation sociale qui a les sectes scientifiques pour coterie temporelle et les sectes sacerdotales pour coterie spirituelle, représente donc bien une conspiration contre l'émancipation des peuples, comme l'a été le brahmanisme, le judaïsme et l'encyclopédisme du dix-huitième siècle.

Puis, arrive les spéculations politiques dont la lutte actuelle des cléricaux civils et des cléricaux religieux constitue un type des plus complets.

Il sera très facile de se rendre compte de la spéculation qui se publie législativement contre les jésuites et autres congrégations religieuses, — lorsque, — dans quelque temps, on verra que rien, absolument rien ne sera fait fondamentalement contre elles, — cette nouvelle pièce de la comédie politique est la copie de celle représentée à grands renforts de trucs par le gouvernement allemand il y a quelques années, — de même que celle d'Allemagne, la nouvelle comédie cléricale n'a simplement pour but que de boucher les yeux aux partis populaires, auxquels les hommes du pouvoir ne veulent donner aucune espèce de réformes sérieuses après les avoir tant et toutes promises.

*
* *

Comme résumé pratique : — la servitude des industriels, propriétaires, travailleurs et commerçants français par l'impôt de l'argent et celui du sang, — étant ainsi organisée, rivée et bouclée par les formules matérialistes des sectes scientifiques et sacerdotales ; — il est facile de comprendre que :

Aidés par la presse quotidienne qui organise la conspiration du silence contre ce qui pourrait éclairer les industriels, propriétaires, travailleurs et commerçants, — les partis politiques ont pu tranquillement se disputer le pouvoir, la plume et les armes à la main, depuis tantôt quatre-vingt-dix ans :

1° Par l'émeute ;

2° La révolution ;

3° La guerre ;

4° L'invasion ;

5° Le coup d'Etat;

6° Le suffrage universel ou restreint;

7° Les luttes parlementaires.

Le tout sur le dos de Jacques Bonhomme; c'est-à-dire sur le dos du peuple français qui paye toujours et reçoit tous les horions.

D

LES SECTES

La secte de tous les rangs, nuances ou degrés dans les sociétés est invariablement fondée sur une croyance quelconque, soit scientifique, soit religieuse; — ces croyances sont exploitées sous le drapeau de plusieurs partis politiques différents, mais le résultat de ces exploitations est toujours représenté par la servitude au moyen de l'impôt de l'argent et du sang.

L'intérêt de secte est naturellement opposé à l'intérêt de la famille, car l'un apporte le désordre et la ruine dans les sociétés, tandis que l'autre y apporte l'ordre, la paix et l'abondance.

Le mal des sociétés modernes vient donc de ce que l'esprit de secte y dirige tout, — par ce moyen, l'influence sociale de la famille est reléguée au second plan.

Les sectes civiles ont pris naissance dans celles sacerdotales; leur but et leurs intérêts sont donc absolument et étroitement communs.

Les sectes sacerdotales ont si bien comprises à leur début qu'elles étaient les ennemies fondamentales de l'esprit de la famille dans les sociétés, qu'elles ont toutes fini par interdire le mariage légal à leurs clercs, afin de les dégager de chacun des lions d'intérêts matériels avec les populations qu'ils étaient chargés d'exploiter par la superstition.

*
* *

Le désordre des mœurs est la suite inévitable du règne des sectes sur un pays; ce désordre vient tout droit de la négation des responsabilités naturelles, qui a pour cause la radiation de l'histoire des civilisations primitives, retranchée de l'instruction publique et privée depuis les temps du schisme de Juda jusqu'à nos jours.

Le compagnon Jésus a inutilement reproché aux sectes de son temps d'avoir caché la clef de la connaissance, car celles qui ont succédé aux conspirateurs scientifiques de l'antiquité ont fait exactement la même chose.

Ainsi que je l'ai dit et ne saurais trop le redire :

La clef de toutes les connaissances est représentée par l'histoire sociale des époques bienheureuses, époques où l'esprit de la famille règnait et dirigeait tout dans la société.

*
* *

Les symboles maçonniques m'ont enseigné l'histoire de l'Humanité primitive; — puis, la similitude que j'ai trouvée entre la morale maçonnique et celle contenue dans les paraboles du frère Jésus (1) m'a frappé; — poursuivant mes recherches j'ai étudié ensuite les ouvrages des Indianistes connus, les Védas primitifs, le Zend Avesta, le code des Manous,

(1) Les tenues de réceptions maçonniques au grade de compagnon nous ont appris à tous, que Jésus de Nazareth et Socrate ont reçu le grade maçonnique de compagnon.

puis, les auteurs grecs, l'École d'Alexandrie, etc.; ces études m'ont appris à démêler les véritables enseignements de Moïse dans la Bible, puis, à les dégager des nombreuses corruptions judaïques.

C'est également dans ce fuseau général de l'histoire des populations primitives que j'ai trouvé les principes pratiques des sciences naturelles connues de nos aïeux; — enfin, les motifs de leur décadence périodique dont je vais continuer l'exposé dans la deuxième partie de ce chapitre.

E

L'ESPRIT DE LA FAMILLE

Le père de famille est responsable de l'existence de sa femme ainsi que de celle de ses enfants, et cela, au point de vue moral aussi bien qu'à celui matériel; — le père de famille est donc le seul citoyen d'un pays qui ait charge d'âmes; — par ces motifs, lorsque le père de famille dirige collectivement les affaires publiques, il cherche naturellement le côté utilitaire de toute chose, parce que le côté utilitaire des affaires publiques est le seul qui vienne à son aide pour mener à bien sa vie, et partant, le sort de sa femme et celui de ses enfants.

Pour arriver heureusement à bien remplir sa mission, — le père de famille établit aussitôt qu'il le peut l'instruction professionnelle qui doit le faire soulager par ses enfants devenus producteurs; — puis, le père de famille organise la conciliation des différends entre lui et ses semblables, — parce que les procès unis aux luttes et haines qu'ils engendrent, gênent considérablement le citoyen laborieux dans l'accomplissement de la lourde mission que la Nature lui a donnée en le chargeant de subvenir aux besoins de sa famille.

Des besoins et des charges des citoyens, est né tout naturellement le règne des collectivités au début des civilisations humaines, — alors que les sectes sacerdotales n'existaient pas.

Par ces motifs :

Si les pères de famille reprenaient la direction de leurs intérêts publics dans la nation française ou dans tout autre autre pays, le règne des collectivités renaîtrait aussi naturellement qu'il est né autrefois dans les Indes antiques, par les besoins de l'existence de tous les jours de chacun des citoyens.

Alors, le Paradis terrestre reviendrait peu à peu sur toute la terre et finirait par y remplacer l'enfer et le purgatoire, que les sectes politiques et religieuses y ont apportés peu à peu par la division des intérêts, les superstitions et spéculations de toutes nature qui engendrent le désordre des mœurs.

F

L'ESPRIT DE SECTE

Les clercs (1) des sectes sacerdotales ne se marient pas tout en restant possesseurs de leurs facultés génitales, — cette situation illogique les désintéressent de la société humaine sur laquelle ils règnent sans responsabilité et qu'ils dominent par les femmes et le confessionnal.

Les clercs des sectes sacerdotales ne produisent donc rien

(1) C'est du mot clerc (*qui signifie commis*) que vient le nom de clergé.

pour leur compte, ni humainement, ni industriellement, ils semblent ne pas comprendre que, c'est surtout pour blâmer cette situation négative que le grand Philosophe a dit :

« *Tout arbre qui ne rapporte pas de fruit sera coupé et jeté au feu.* »

Le clergé se contente de vendre des gestes et des paroles selon la belle expression de Volney, — les populations payent les gestes et paroles du clergé au moyen des budgets, à un prix bien des fois supérieur à la marchandise la plus précieuse.

Par l'étude de ces deux situations principales des sectes on voit clairement qu'elles ont l'intérêt le plus vif et le plus immédiat à entretenir l'ignorance la plus grande possible dans les populations.

C'est l'ignorance presque absolue des sciences naturelles et sociales, entretenue dans tous les temps par les sectes scientifiques et sacerdotales au moyen de la toute-puissance dont elles ont été si longtemps revêtues, qui nous a légué le faisceau si incomplet de nos sciences exactes.

INSTRUCTION. **Nos sciences sont toutes imparfaites parce qu'elles repoussent l'étude des causes de ce qui existe et n'en admettent que l'analyse.**

* *
*

Les sectes sacerdotales ont séculairement dirigé ainsi l'établissement de l'instruction publique, parce que leurs directeurs suprêmes ont toujours pensé que la connaissance des sources et des causes de toute chose rendrait leur domination impossible.

En plus et par une anomalie difficile à comprendre; — les membres des sectes sacerdotales ne produisant rien, ils n'ont par conséquent aucune responsabilité sociale; — malgré cette situation négative, les divers clergés dirigent véritablement les intérêts matériels de toutes les sociétés.

Comme conséquence :

Tant en France qu'en Espagne, les bûchers de la sainte Inquisition ont brûlé, pendant plus de trois siècles consécutifs, chacun des savants qui tentaient d'instruire les populations sur les sciences naturelles ainsi que sur l'histoire des premiers âges de l'Humanité.

Nous nous rappelons tous que le savant Galilée fut persécuté et emprisonné par les sectes sacerdotales jusqu'à ce qu'il eût déclaré que la terre ne tournait pas, mais bien le soleil.

Les savants astronomes indous savaient il y a plus de vingt mille ans que la terre tourne, mais les sectes sacerdotales ayant étouffé les sciences naturelles et sociales, il nous faut, à la suite de Galilée, les réinventer toutes les unes après les autres.

L'héroïne française Jeanne d'Arc a été brûlée par le clergé; ce fut un évêque, Pierre Cauchon, qui fit l'instruction de son procès.

Je termine ici mes constatations critiques, que je pourrais continuer à l'infini.

***

Les savants laïques paraissent se dégager peu à peu de la domination cléricale, témoins MM. Renan, Paul Bert et autres; — jusqu'à nos jours, les savants officiels n'ont jamais enseigné que ce que les sectes sacerdotales ont bien voulu qu'ils enseignent; — dernièrement encore, le savant Cuvier a consenti à se mettre à leur remorque en posant sa fameuse RÈGLE, qui a établi que l'homme primitif (*dont on retrouvait déjà les ossements et les crânes dans tous les terrains quaternaires*) n'avait jamais existé.

Cette déclaration de Cuvier est incontestable puisqu'elle a été faite, répétée et imprimée cent fois, elle représente une tache indélébile sur la mémoire de ce remarquable savant.

Aujourd'hui même, un clérical faisant partie de nos Académies tient sous sa coupe toute la commission supérieure du phylloxera depuis plusieurs années, ainsi que le ministère de l'agriculture, aux membres et employés desquels il continue à faire déclarer contre toute évidence que : — le phylloxera est le résultat d'une invasion mais non point celui de l'épuisement des qualités chimiques de nos territoires viticoles par les cultures exagérées.

L'infériorité considérable du niveau scientifique de notre époque a donc pour cause unique l'esprit de secte, — qui ne laisse rien passer en dehors des lois, canons, programmes, formules, intérêts ou règlements des dites sectes.

* ***

Les idées modernes sont à la République, tandis que le catholicisme est incontestablement et exclusivement la religion des monarchies.

Or, comme la monarchie n'existe pas et ne peut pas exister en France, il est au moins extraordinaire que l'on ne se soit pas encore occupé de rechercher la religion sociale qui convient au principe du gouvernement républicain.

Le catholicisme est la religion du Dieu-individu, il va donc très bien au principe monarchique de gouvernement, dans lequel tout pivote autour et par la volonté d'un individu.

Bien au contraire.

A la République dont le nom veut dire scientifiquement LA CHOSE PUBLIQUE, il faut le Dieu tout le monde de la Franc-Maçonnerie ; — cela veut dire le règne collectif de tous les Maçons de l'Harmonie universelle formant le grand Architecte de l'univers à eux tous ; ce qui leur donne le devoir de travailler collectivement, mutuellement et solidairement au plan de la Nature.

G

MES AVEUX

Trompé par les corps d'arts et métiers qui ont fonctionné pendant près de six siècles consécutifs sous la monarchie de l'ancien régime, j'avoue avoir pensé longtemps que : — le principe des collectivités était compatible avec celui monarchique, — car, le Maître avait dit : « *Mon royaume n'est pas de ce monde,* » et il intitulait le règne des collectivités « *le royaume de la justice* » ; mais j'ai compris depuis que, dans la bouche du Christ le mot royaume signifie scientifiquement organisation sociale, mais non roi et encore moins royauté :

Quelques savants ont dit que :

« LE ROYAUME DE DIEU *est un règne souvent annoncé par Jésus-Christ, mais dont la nature n'est pas nettement définie par les interprètes.* »

(*Dictionnaire universel,* au mot Royaume).

A cela je réponds que :

LE ROYAUME DE DIEU SUR LA TERRE ANNONCÉ PAR LE MAÇON JÉSUS EST BIEN LE RÈGNE DES COLLECTIVITÉS.

Je reconnais donc avoir été dans l'erreur, car, pour deux rois intelligents que nous avons eus dans les personnes de Louis IX et de Charles V, on ne rencontre que des rois plus ou moins despotes dans leurs successeurs.

J'ai reconnu en plus que, depuis et y compris François Ier, les rois de France ont tous préparé intentionnellement et peu à peu la chute du règne social des corporations d'arts et métiers qui fut consommée par Louis XVI; lequel fut puni de ce grand crime par l'échafaud sur lequel il porta sa tête.

Complètement revenu sur la logique de la réunion de la religion maçonnique ou des collectivités avec le principe du gouvernement républicain ; — j'ai essayé de démontrer dans la première partie de ce chapitre que les intérêts matériels de l'homme lui font un devoir d'organiser la religion maçonnique à la tête des sociétés.

Dans cette seconde partie, il me reste à démontrer la science pratique des intérêts spirituels qui dominent l'homme dans chacun des actes de sa vie, puis, qui règlent indistinctement son avenir au travers des âges de la vie universelle.

LA
FOI MAÇONNIQUE

1°

LA PÉRIODE PATRIARCALE OU LE PARADIS TERRESTRE [1]

Exposé.

La réunion de plusieurs familles ayant une même origine donna naissance à toutes les tribus en général et par conséquent aux tribus primitives de l'Indoustan : la tribu repré-

[1] Les sectes scientifiques anciennes et modernes ont toujours pris, pour mot d'ordre, de voiler autant que possible aux yeux du vulgaire les conditions d'existence de la grande période patriarcale qui a régné si longtemps dans les Indes de la haute antiquité; — les historiens orientalistes évitent autant que faire se peut de donner des dates, où s'ils en donnent elles sont erronées et considérablement rajeunies, ces auteurs se couvrent par un écrivain quelconque qui les a citées telles quelles.

Néanmoins, en cherchant bien, on trouve dans presque chacun des ouvrages traitant de la source des civilisations orientales de l'antiquité, des constatations formelles de l'existence de la période sociale du paradis terrestre.

Voici une de ces déclarations qui constate à la fois, et l'existence de l'époque patriarcale par son symbole spécial, et sa destruction par les sectes sacerdotales, aidées en cela par les xchatrias (Rois) qui n'étaient primitivement que des chefs de bandes armées :

« *Les Brahmanes rejettent l'idée d'un Dieu ouvrier du monde, d'un Dieu archi-* « *tecte, idée qui a été avilie par les sectateurs de Varuna, de Trita et plus encore* « *par l'orgueil des xchatrias, qui ne comprennent, au fond, qu'un Dieu guerrier qui*

sentait donc un gouvernement de plusieurs familles réunies entre elles.

Les familles des premières tribus indiennes arrangeaient entre elles la solution de toutes les difficultés relativement à leurs intérêts ruraux, pastoraux, professionnels ou familials. — Tous ces intérêts étaient naturellement communs c'est-à-dire les mêmes pour chacun des habitants d'une tribu, quoique différents dans leurs proportions, parce que la même spécialité professionnelle caractérisait et caractérise encore chacune des tribus des peuples primitifs.

***

Chaque tribu ou corporation professionnelle de l'époque patriarcale avait des réunions syndicales appelées tenues dans la Franc-Maçonnerie; — ces réunions ou tenues étaient les gouvernements des intérêts communs de chacune des familles industrielles dans le sein desquelles les pères de famille et les jeunes gens adultes s'initiaient mutuellement par l'instruction professionnelle, aux droits et devoirs que les lois de la nature imposent à toutes les parties du grand Architecte de l'univers dotées de la parole.

Les tribus professionnelles de chaque zone ou province étaient réunies en peuplades fédérées entre elles par le conseil des Vénérables que Moïse appelait l'Assemblée.

« s'empare des cieux et de la terre, et qui y fonde une sorte de monarchie, républicaine ou féodale.

« Les Brahmanes reprennent le Dieu ouvrier, mais ils en font un Vaishvanara, « le feu d'un autel central, où le Dieu entre sous la figure du pontife et de la victime. »

(Sur les sources de la cosmogonie de San-ko-nia-thon, par le baron d'Eckstein. Paris. Imprimerie Impériale 1860.)

NOTA. Voilà bien le Dieu du pouvoir de l'état des populations exploitées, clairement défini par un extrait des œuvres du plus vieil historien connu du monde, qui est San-ko-nia-thon.

Cette organisation qui peut être étendue à l'infini par nations, groupes de nations, etc., etc., représente le symbole
éternel du Paradis terrestre qui est toujours à la disposition
des industriels, propriétaires, travailleurs et commerçants de
tous les pays possibles, lorsqu'ils seront enfin décidés à échan-
ger la repoussante servitude dans laquelle ils végètent, contre
le rayonnement de tous les bonheurs possibles que leur offre
le règne des collectivités.

A.

La trinité individuelle.

La trinité individuelle a été révélée aux Indiens des époques
patriarcales (*appelées historiquement celles du Paradis terrestre*)
par les remarquables savants qui ont solidement organisé le
règne des collectivités au sein de ce peuple primitif, règne
qui a transformé peu à peu (*comme je l'ai démontré plus haut*)
le langage inférieur des premières tribus en la langue la plus
perfectionnée qui ait jamais été parlée sur la terre, cette
langue est le sanscrit ou samscrit.

La trinité ou trimourti individuelle, complément pratique
obligé de la trinité universelle dont je viens d'expliquer plus
haut la science sous le titre de : *l'unité principe créateur*, était
composée de trois personnes. Brahma, Vischnou et Siva; ces
trois personnes qui n'en forment qu'une seule représentent
exactement la même trinité individuelle que celle enseignée
par le dernier Christ. — Abandonnant le terme védique trop
scientifique de *Brahma*, — le maçon Jésus, pour être mieux
compris, se servit des termes de la famille consanguine et
appela la renaissance de la trinité indienne, — *le Père, le Fils
et l'Esprit,* mais la trimourti indienne et la trinité christique

ne forment que l'explication d'une seule et même chose, qui est l'âme de tous les mouvements dans la Nature.

Cette âme universelle est la réunion des parcelles spirituelles et solidaires du grand tout, dont chacune d'elles est le Brahma c'est-à-dire la branche ou le père de chacun des hommes, que la Maçonnerie appelle les Maçons du grand Architecte de l'univers.

B.

Brahma ou le Père.

L'homme est bien le fils, ou plutôt le résumé de toutes les vertus de la Nature, tant minérales, végétales qu'animales; — et la preuve c'est que, lorsque l'homme a un de ses organes malades il peut toujours se guérir avec une ou plusieurs des plantes ou substances qui existent : — cette vérité éternelle a donné naissance à l'axiome suivant :

« *Les remèdes à tous les maux existent dans la Nature, il ne s'agit que de les connaître et de savoir les appliquer à chacune des maladies humaines.* »

Notre construction corporelle et spirituelle est donc semblable en intelligence à tout ce qui existe dans la Nature, c'est là le principe basique de la solidarité universelle.

C'est donc par la vie de tous les jours harmonisée avec l'état d'avancement de chacun des enfants de la Nature, que le progrès des vertus naturelles agglomérées dans chacun des hommes peut s'accomplir régulièrement par le travail et l'instruction, enfin par tous les intérêts organisés dans les relations humaines.

La bonne pratique de toute instruction est donc bien la vie
de tous les jours; cette instruction est supérieure à n'importe
quelles théories.

Le maçon Jésus a dit aux hommes à ce sujet :

« *Voici, le royaume des cieux est au milieu de vous.* »

La Nature a fait l'homme libre, mais elle lui a imposé un
guide qu'il sent toujours en lui. — Le guide spirituel de chacun de nous est généralement appelé *la conscience*, les sectes
sacerdotales anciennes l'appelaient *l'esprit familier*, les sectes
sacerdotales modernes l'appellent *l'ange gardien*; — toutes ces
appellations représentent les époques ténébreuses de l'Humanité; il est temps de restituer au directeur de chacun des
hommes son véritable nom scientifique qui est Brahma, c'est-
à-dire ma branche ou mon père.

.·.

Brah vient, en effet, du mot sanscrit brank, qui signifie
branche, et **ma** veut dire moi dans la même langue, — si bien
que Brahma signifie *ma branche*, c'est-à-dire la branche éternelle sur laquelle pousse, puis se détache périodiquement
chacune des incarnations du fils de chacune des parcelles du
grand Architecte, qui sont les Brahmas ou les pères trinitaires
de chacun des hommes.

Lorsque le fils, qui est l'homme, obéit ponctuellement aux
suggessions de sa branche qui lui parle constamment par la
voie de la conscience, il se conduit selon les lois de la Nature
et alors il trouve le bonheur relatif sur la terre pour lui et les
siens.

Notre père nous répond et nous renseigne toujours lorsqu'on le prie sincèrement, le maçon Jésus nous a appris

ce résultat par ces mots, — lequel résultat se produit toujours dans la vie de l'homme de bonne volonté, soit un peu plus tôt, soit un peu plus tard.

« *Demandez et l'on vous donnera ; — frappez à la porte et l'on vous ouvrira ; — enfin, cherchez et vous trouverez.* »

Lorsqu'un homme se conduit d'après les conseils de son père ce dernier l'assiste constamment ou plutôt a le pouvoir de l'assister constamment ; — ces paroles du grand Philosophe de la Nature ne nous laissent aucun doute à ce sujet :

« *Celui qui m'a envoyé est avec moi ; et le père ne m'a point laissé seul, parce que je fais toujours ce qui lui est agréable.* »

(JEAN, chap. VIII, verset 29.)

Mais lorsqu'un homme se conduit mal, alors, il s'enveloppe de fluides malsains en harmonie avec ses actes et s'éloigne forcément de sa branche (*qui est la partie pure de son esprit*), et cela, de toute l'épaisseur de ses souillures.

C'est là une des raisons pour laquelle il est de toute utilité d'organiser les sociétés humaines par le règne des collectivités, dans lequel chacun des hommes a son intérêt matériel qui l'engage à se bien conduire. — En effet, les sociétés collectives récompensent ceux qui obéissent aux lois de la famille et du travail, mais elles repoussent en les envoyant vivre loin de la patrie, ceux qui transgressent les lois de la mutualité et de la solidarité par le crime ou le délit à l'état de récidive.

C.

La famille éternelle.

Le père de chacun de nous crée perpétuellement son fils à son image. nous sommes donc semblable à lui bien qu'il nous soit supérieur; à nous deux nous ne faisons qu'une seule et même personne (1).

En revenant nous absorber dans le sein de notre branche après chacune de nos existences corporelles, nous lui apportons la troisième personne de notre trinité, ou plutôt l'esprit ou les talents que nous avons acquis par le travail ou la souffrance; — cette épargne accumulée constitue le progrès des êtres au travers des âges des trois règnes de la Nature, c'est-à-dire la réserve du grand Architecte.

Le Dieu en trois personnes représenté par notre père spirituel, nous-mêmes qui sommes son incarnation, puis, le fruit moral de notre travail au travers de chacune de nos existences, nous ont été bien précisés par ces paroles du dernier Christ:

« *Si vous me connaissiez* (cela veut dire si vous compreniez mes enseignements), *vous connaîtriez aussi mon père; et dès à présent vous le connaissez et vous l'avez vu.* »

(JEAN, chap. XIV, v. 7.)

« *Moi et mon père nous ne sommes qu'un.* »

(JEAN, chap. X, v. 30.)

Un homme inférieur ne possède pas une branche de l'arbre universel, c'est-à-dire un père aussi instruit et aussi avancé que celui d'un homme supérieur, le travailleur Jésus nous a encore enseigné ceci par ces mots:

« *Je vous dis ce que j'ai vu chez mon père; et vous, vous faites ce que vous avez vu chez votre père.* »

(JEAN, chap. VIII, v. 38.)

Par ces dernières paroles adressées à des pharisiens gouvernant le peuple hébreu, le dernier Christ nous donne par-

---

(1) « Je m'en vais à mon père; car mon père est plus grand que moi. »
(Jean, chap, XIV, v. 28.)

dessus les siècles qui nous séparent de lui, la plus belle leçon d'organisation sociale qui puisse s'exprimer.

En effet, lorsque les gouvernants sont égoïstes comme ils le sont presque toujours sous le système sauvage de l'individualisme, comment peut-on espérer une amélioration quelconque dans le sort des citoyens d'une société ?

L'amélioration est impossible parce que ; — lorsque l'ignorance est au pouvoir, la sottise et partant le despotisme des plus forts courent forcément les rues.

D.

Le progrès indéfini.

Le premier Christ connu a habité l'Inde, il est né à Madura 4,800 ans avant notre ère, il est mort à quarante ans, tué à coups de flèche sur les bords du Gange par l'ordre des Brahmes dont il avait dévoilé les vices, l'an 4,760 avant notre ère (Date fixée par un Zodiaque).

Yezous-Kristna qui était un vrai savant, nous a laissé dans ces simples mots l'explication précise du progrès indéfini par la pluralité des existences :

« *La goutte d'eau qui renferme un principe de vie que la chaleur féconde peut devenir un Dieu.* » (Cela veut dire, une branche de l'arbre universel ou bien encore une parcelle du grand Architecte de l'univers.)

(Parabole dans la forêt déserte, de Yezous-Kristna ; extrait du Hari pourana, livre sacré de l'Inde antique.)

Dans la même parabole, Yezous-Kristna nous apprend par ces mots la solidarité qui existe entre les parcelles du grand

Tout, que la Maçonnerie appelle les maçons du grand Architecte :

« *Sache que ton âme, étant une parcelle du grand Tout, sera immédiatement en communication avec la grande Ame dont elle est descendue.* » (La grande Ame est l'ensemble des parcelles formant le grand Architecte.)

.·.

Le dernier Christ qui est venu sur terre pour expliquer les paroles du premier, nous a renseigné en ces termes sur la puissance morale et matérielle que peut acquérir celui qui conforme sa conduite aux lois de la nature.

« *Si quelqu'un m'aime, il gardera ma parole, et mon père l'aimera ; et nous viendrons à lui, et nous ferons notre demeure chez lui.* »

(Jean, chap. xiv, verset 23.)

« *Mais c'est afin que le monde connaisse que j'ai vu mon père, et que je fais ce que mon père m'a commandé.* »

(Même chapitre, verset 31.)

« *Afin aussi, que tout ce que vous demanderez à votre père en mon nom, il vous le donne.* »

(Jean, chap. xv, verset 16.)

« *Ce que vous demanderez à votre père en mon nom, il vous le donnera.* »

(Jean, chap. xvi. Verset 23.·)

PREMIÈRE INSTRUCTION. Les hommes passent et se transforment mais le père de chacun de nous ne meurt jamais, il ne se transforme que peu à peu par le progrès plus ou moins

grand que l'instruction, la souffrance et l'expérience de son fils lui apportent après chacune de ses existences corporelles ;
— le Christ étant l'homme le plus avancé qui soit passé sur la terre, il est donc naturel de le voir poser son brahma comme le directeur spirituel de l'Humanité.

DEUXIÈME INSTRUCTION. — Le grand Philosophe de la Nature nous a enseigné la pratique du règne de la justice qui est celui de la Nature, les Maçons appellent ce règne, **le plan du grand Architecte** de l'univers.

De par la solidarité qui unit les parcelles du grand Tout, ces parcelles se joignent toujours au père trinitaire de celui qui prie, afin d'exaucer la prière de son fils si elle est honnête, c'est-à-dire, si sa prière a pour but exclusif un intérêt commun à tous les hommes.

Cette mission solidaire des parcelles spirituelles du grand Tout, représente, la plupart du temps, la cause de ce que l'on appelle **le doigt de Dieu.**

E.

Le fils de l'homme.

Instruits par leurs branches éternelles ainsi que par l'expérience de leur existence de luttes et de malheurs, les hommes arriveront enfin à créer l'état social des collectivités solidaires du grand Architecte de l'univers.

Ce règne bienfaisant créé ainsi par l'homme est donc bien son fils, c'est-à-dire **le fils de l'homme.**

Le règne du fils de l'homme était appelé **l'Alliance** par Moïse.

Mais, comme l'alliance mosaïque n'a pas été comprise par le peuple hébreu instruit par A. Braham ou A. Brahma et

Moïse, — le dernier Christ est venu annoncer aux hommes le règne définitif du père qui doit arriver par la connaissance scientifique des lois matérielles de la Nature (*si je puis m'exprimer ainsi*).

Versant du vin à ses amis, le grand Philosophe leur dit :

« *Buvez, ceci est mon sang, le sang de la nouvelle alliance.* »

Le vin est en effet le sang de la terre, sang qui est composé avec les éléments chimiques les plus perfectionnés de tous ceux contenus dans les territoires; c'est par la loi de végétation, comme chacun le sait, que les éléments chimiques de la terre sont transformés en raisins.

* * *

Par son travail, son instruction, ses souffrances, son expérience et la connaissance scientifique des lois créatrices de toutes choses, *l'homme* doit enfin créer le règne des collectivités, qui lui rendra pour toujours le Paradis terrestre perdu par nos pères comme il va être expliqué plus loin : — Le nouveau règne des collectivités a donc été magistralement et très naturellement appelé **le fils de l'homme** par le dernier Christ.

Le Maître en toutes les sciences morales et matérielles se plaisait à se confondre avec le fils de l'homme, parce que lui-même était matériellement le fils d'un homme et qu'il venait enseigner à ses semblables les doctrines exactes au moyen desquelles le fils de l'homme doit arriver sur la terre dans toute sa gloire, — c'est-à-dire après en avoir complètement banni la misère matérielle par les intérêts et le travail organisés.

Alors, chacun des hommes puisant dans les forces collectives l'expansion de la puissance individuelle qu'il s'est acquis dans la Nature, prendra sa véritable place au sein de la société et sera enfin et constamment dans sa sphère, c'est-à-dire vers le milieu qui lui convient et dans lequel il doit trouver la plus grande somme de véritable bonheur terrestre qui puisse être son partage.

.˙.

C'est ce règne équitable que les anciens Indous avaient appelé le Paradis terrestre et le Christ, le Fils de l'homme.

Chacun des hommes qui enseigne les moyens d'établir le Paradis terrestre au sein des sociétés, peut donc s'appeler également le fils de l'homme.

« En vérité, en vérité, je vous le dis : celui qui croit en moi fera aussi les œuvres que je fais, et il en fera même de plus grandes que celles-ci, parce que je m'en vais à mon Père. »

« Et, quoi que vous demandiez en mon nom, je le ferai, afin que le père soit glorifié par le fils.

(Jean, chap. XIV, verset 13.)

Ces paroles sont claires et précises, et l'annonce de l'esprit de vérité qui ressort des versets ci-dessus ne laisse aucun doute sur la puissance morale que posséderont les hommes, qui travailleront à la venue du fils de l'homme annoncé par les deux Christs.

Il ressort également des paroles du dernier Christ ainsi que des relations contenues dans les Evangiles que :

Yezeus-Kristna tué par le Brahmanisme, et Jésus-Christ tué par le Judaïsme, sont un seul et même fils de l'homme universel envoyé par son père pour sauver le monde, au moyen de l'enseignement des lois de la Nature dont la pratique est capable de doter à nouveau l'Humanité du paradis terrestre.

JUSTIFICATION. — Marthe dit un jour au frère Jésus : *« Oui, Seigneur, je crois que tu es le Christ qui devait venir au monde. »*

Jean, chap. XI, verset 27.

F.

Abraham ou A. Brahma.

L'Hébreu Abraham représente le plus beau symbole historique du règne collectif des parcelles du grand Architecte de l'univers.

Le peuple hébreu était une émigration d'une peuplade de l'Inde antique fuyant le joug brahmanique; — l'un des Hébreux s'est mis plus tard à leur tête ou s'y trouvait par sa naissance, cet Hébreu a réorganisé socialement le culte du père où de Brahma, de là vient le nom d'Abrahma qui signifie, *celui qui a sacrifié et sacrifie constamment son fils à la cause humaine qui est celle de Brahma.*

Le sacrifice d'Abraham n'est autre, en effet, que le symbole du Brahma de chacun des hommes sacrifiant périodiquement son fils bien-aimé en l'envoyant s'incarner pour progresser et faire progresser ses frères, qui sont les autres Maçons du grand Architecte de l'univers.

Mais, comme Abraham a réussi à fonder le bonheur terrestre du peuple hébreu au pays de Chanaan par le travail et les intérêts organisés, — et que, ce règne bienfaisant a établi le Paradis terrestre dans les relations sociales comme il l'établit partout où il fonctionne régulièrement; — le père spirituel d'Abraham a donc été affranchi de son sacrifice, puisque son fils avait trouvé le bonheur relatif dans le règne de la Justice.

Il en a été naturellement de même pour chacun des autres Maçons du grand Architecte qui faisaient partie de la maison d'Israël.

* *
*

Ne sachant comment expliquer leur despotisme civil et religieux en comparaison du règne de la Justice établi par Abraham au sein du peuple hébreu — les sectes sacerdotales de la décadence judaïque corrompirent les histoires de la vie d'Abraham que nous possédons encore intactes, et instituèrent le collectiviste Abraham comme étant le premier père de toute la race hébraïque au point de vue matériel (1), tandis que l'histoire sacrée présentait Abraham comme le premier de sa race au point de vue spirituel seulement, parce qu'il avait fondé le règne pratique de l'esprit universel au sein des peuplades hébraïques.

Voici un résumé de l'histoire de ce vrai savant.

Abraham et Lot étaient beaux-frères (*certaines histoires disent que Lot était le neveu d'Abraham*); ils s'enrichirent par le règne des collectivités professionnelles, avec toutes les familles des tribus qui les avaient pris pour chefs.

Nota. L'Histoire sociale d'Abraham nous démontre que :
— *Les deux premiers règnes de la Nature et les neuf dixièmes du troisième étant donnés aux hommes dotés du verbe à titre de propriété par le grand Architecte de l'univers, — les hommes dotés du verbe doivent avoir leurs besoins absolument et largement couverts. — Il n'est donc pas besoin d'être constamment en lutte d'intérêts les uns avec les autres.*

* *
*

Revenons à Abraham et à Lot.

Une fois riches, les deux beaux-frères se divisèrent d'opi-

(1) Hébreu-Heber, passage, nom qui vient du temps où ce peuple habitait les deux rives de l'Euphrate. (*Dictionnaire universel.*)

nion sociale : — Abraham voulait conserver le principe d'organisation collective qui avait enrichi toutes les tribus d'Israël ; — tandis que Lot à la tête d'une partie des enrichis voulait organiser l'individualisme et les corporations gouvernantes.

Ne pouvant parvenir à s'entendre Abraham et Lot se séparèrent. — Comme chacun le sait, Lot choisit le plus beau pays où étaient situées les riches villes et vallées de Sodome et Gomorrhe, mais au bout d'une vingtaine d'années de la licence résultant du règne de l'individualisme, les populations de l'individualiste Lot étaient absolument corrompues par des mœurs contre nature de toutes sortes.

Tandis que les populations qui étaient restées fidèles à Abraham, c'est-à-dire au règne des collectivités par les pères de famille groupés et fédérés, grandissaient constamment en fortune morale et matérielle sous l'influence de la pratique de l'esprit des lois de la Nature, que la Maçonnerie nous présente comme le plan de la construction sociale du grand Architecte de l'univers.

*
* *

Abraham était un savant agriculteur et un astronome de premier ordre, il était complètement initié aux sept lumières de la vie éternelle par la Maçonnerie antique.

Bien au contraire, Lot était un profane, qui n'avait pas voulu ou pas su comprendre l'initiation suprême.

Abraham *savait* et connaissait la route du bien social qui est le règne des collectivités, c'est-à-dire la connaissance du grand Architecte de l'univers ; Abraham a donc pratiqué la voie sacrée et tout lui a naturellement réussi, il est devenu riche et puissant ainsi que les populations qui l'ont suivi, puis, qui lui sont restées fidèles au moment de la séparation avec son beau-frère.

Lot *ne savait pas*, il ne croyait qu'à l'homme au lieu de ne croire qu'à la collectivité ; Lot a donc pratiqué l'individualisme par intérêt et a par conséquent trouvé le mal, les malins, la maladie sociale, ainsi que la mort des malheureuses populations dévoyées qui l'avaient suivi.

G.

Un seul Dieu tu adoreras.

Le Brahma des Indous est aussi appelé Swayambhouva ou l'être existant par lui-même ; — en effet, la branche spirituelle de chacun de nous qui est notre première personne a une vie éternelle qui lui est propre, cela veut dire qu'elle féconde sans avoir besoin d'être fécondée elle-même ; — tandis que le fils, qui est l'homme, ne vit spirituellement ou plutôt ne reçoit la vie spirituelle que par sa branche éternelle ou son père trinitaire ; — en plus, le fils ne vit corporellement ou plutôt ne reçoit la vie corporelle que par son père et sa mère selon la chair.

Il est vrai que **Brah** peut venir de **Braz** qui signifie feu ardent, puis **ma** qui est la lune en sanscrit peut très bien signifier eau, ce qui ferait de Brahma le grand Architecte de l'univers par le feu et l'eau, qui ont créé et créent éternellement toute chose (1).

Mais ce qui rejette complètement Brahma vers la trinité individuelle dont il est véritablement le père, — c'est qu'il est la première personne de la trimourti indienne dont Vischnou est le fils en même temps que le symbole de l'incarnation.

(1) Cette explication démontre tout simplement que le mot Brahma représente les deux sexes, c'est-à-dire qu'il signifie homme et femme.

Du reste, le Brahma créateur de toute chose de la corruption brahmanique a été défiguré par les premières sectes sacerdotales ; — tandis que le vrai Brahma védique qui est le père de la trimourti individuelle, était représenté comme créant éternellement toute chose par les organes de chacun des êtres des trois règnes de la Nature.

.·.

Les anciens théologiens indous distinguaient Dieu par deux situations différentes ; — dans la première situation il s'appelle Zeus ou Narayana, car il habite sur les eaux qui représentent sa moitié ; — le Zeus ou Nari et Nara qui font à eux deux Narayana, est indiqué comme l'Ouvrier universel, c'est-à-dire comme l'unité créatrice par ses parcelles, que la Maçonnerie appelle le grand Architecte de l'univers construisant toute chose par les organes de ses Maçons.

Dans la deuxième situation Zeus devient Brahma, c'est-à-dire le Dieu révélé et inspirateur, enfin Dieu créateur individuel.

Tout cela est lumineux de vérité, car l'on retrouve exactement ces définitions dans les Livres sacrés des Indous dont je donne ci-dessus les extraits ; — savoir :

1° Le grand Architecte de la Maçonnerie, Dieu irrévélé, agissant par ses parcelles appelées ses Maçons ;

2° Dieu, le père de la trimourti indoue et de la trinité christique qui est absolument le même, c'est-à-dire le Dieu révélé, le Dieu créateur, père spirituel de chacun des individus des trois règnes de la Nature.

Moïse, le célèbre copiste de la sociologie védique, nous fait également là la même distinction avec son éternel Adonay et son éternel Jéhovah. — Il en est de même du Dieu Pan ou Dieu tout le monde du paganisme.

Justification. — « La première divinité védique est **Agni** (Ignis), le feu, dont l'homme et la femme réunis dans un élan commun chantent les louanges en le remerciant de sa lumière et de sa chaleur. »

(*Dictionnaire universel,* au mot Véda, tome XV, page 822, quatrième colonne.)

Deuxième justification. — « Brahma est le Seigneur existant par lui-même, qui n'est pas à la portée des sens, que l'esprit seul peut percevoir, qui est sans parties visibles, la source de tous les êtres, l'être indéterminé, le principe neutre, éternel et inactif dont le développement constitue le monde. »

(*Dictionnaire universel,* tome II, page 1188, deuxième colonne, au mot Brahma.)

Cette admirable définition du père éternel de chacun des hommes ne peut laisser aucun doute sur l'existence et les diverses attributions de la première personne de chacune des parcelles du grand Architecte de l'univers : — Par les fonctions spirituelles du Brahma de chacun des êtres, le grand Architecte devient et demeure l'Agni, le Zeus, le Nara et le Nari, le Narayana ou l'Indra des Védas, et le dieu Pan du paganisme.

N. B. — *Je prends, étudie et démontre la véritable signification de tous les noms donnés aux organes suprêmes par les docteurs de la décadence brahmanique, qui avaient l'intention d'embrouiller l'intelligence des populations, — mais il faut se souvenir que : — de même que la Maçonnerie, les vrais Védas ne connaissaient que le grand Architecte formé par toutes ses parcelles qu'ils appelaient les Brahmas; dont les fils ne formant avec eux qu'une seule et même personne sont appelés les Maçons du grand Architecte dans la noble institution.*

.·.

Aussi, quant à la première personne de la trinité mosaïque qui est le Brahma ou *ma branche* des Védas, Moïse l'appelle **l'Éternel Adonay**, comme il vient d'être dit, et il recommande son culte en ces termes au peuple hébreu :

« *Un seul Dieu tu adoreras et aimeras parfaitement.* »

Ce sublime commandement circonscrit magistralement le devoir individuel, en indiquant à chacun des hommes l'étoile de laquelle ses yeux ne doivent jamais s'éloigner.

Lorsque les hommes seront bien sûrs que, — leur père spirituel dont ils sont éternellement sortis et dans lequel ils doivent éternellement s'absorber à la suite de leurs épreuves charnelles est constamment à côté d'eux, qu'il a intérêt à ce que leur conduite soit conforme aux lois de la Nature, qui sont celles du feu et de l'eau dans chacune de leurs manifestations proportionnelles, — alors, les hommes réfléchiront davantage à la qualité de leurs actes dans chacune de leurs relations d'intérêts moraux et matériels.

.·.

Dans la conclusion de ce chapitre, je me propose d'indiquer les conditions vitales de la création des destinées de l'homme par les qualités de ses actes de tous les jours, mais je pense qu'il est utile de dire de suite à propos du premier commandement mosaïque, que :

Le bonheur d'avenir, toujours, et le bonheur présent très souvent, — sont attachés à l'obéissance de l'homme à la voix de sa conscience, car cette voix est celle du père qui l'a créé spirituellement.

Le commandement de l'amour exclusif du père est le premier ainsi que le plus important de tous, a dit le grand Philosophe de la Nature dans les évangiles ; — ce commandement nous donne, en effet, la gamme et le rythme de la conduite de chacun des hommes à toutes les heures de sa vie.

Mais l'exclusivisme apparent de ce commandement est tempéré et absolument expliqué par le deuxième qui lui est semblable, — (dit encore le grand Philosophe des évangiles).

Voici ce deuxième commandement :

« *Tu aimeras ton prochain comme toi-même.* »

On voit que l'amour de son père spirituel est **la règle** immuable de la conduite de l'homme.

Tandis que l'amour de ses semblables est **la loi** des relations, que l'homme doit suivre dans la mesure proportionnelle de l'avancement des êtres, afin de mériter la réciprocité également proportionnelle.

En un mot, l'amour du père est le culte de l'intérêt éternel pour l'homme ; — tandis que l'amour du prochain représente le culte de ses intérêts matériels, protégés et justifiés par la réciprocité.

Le règne du père ne peut donc arriver à donner tous ses fruits sur la terre qu'au moyen du travail et des intérêts organisés dans et par le règne des collectivités.

Le grand Philosophe a résumé ainsi en peu de mots l'urgence de ce règne moralisateur.

« *Quant aux hommes c'est impossible.* »
« *Mais quant à Dieu toutes choses sont possibles.* »

Nota. — On sait que le Christ désignait le grand Architecte de l'univers avec tous ses Maçons ou parcelles, sous le nom de Dieu ou Seigneur du ciel et de la terre et qu'il appelait son Brahma ou sa branche, MON PÈRE.

Ainsi que l'a dit le maçon Jésus, le deuxième commandement mosaïque renferme et contient tous les suivants ; — en effet, lorsque l'on pratique l'amour du prochain on ne tue point son semblable, on ne fait pas de faux témoignages contre lui, on ne dérobe point, etc., et l'on ne manque pas d'honorer son père et sa mère.

Ces deux commandements sont les seuls que Moïse ait écrits, les autres ont été ajoutés par le judaïsme pour asservir les peuples au moyen des articles détaillés de la prétendue loi divine ; — les commandements de l'Église ont été faits dans le même but par les premiers prêtres du christianisme.

En résumé : — Le règne du père est bien celui du grand Architecte et des Maçons de la Maçonnerie, car il a pour base la direction spirituelle des lois de la Nature et pour but pratique l'amour de ses semblables ; — ce règne bienfaisant réunit le prochain dans des groupes professionnels fédérés entre eux, afin d'unifier les actes du peuple entier à l'image de ceux du grand Architecte de l'univers.

Puis, le règne du père (*qui est en réalité le règne collectif du fils*) établit des tribunes au sein des réunions corporatives ou maçonniques; chacun des hommes peut monter à ces tribunes, prendre la parole et participer ainsi aux services publics.

Dans le règne des religions dogmatiques ou gouvernementales, au contraire, les tribunes et les chaires ne sont accessibles qu'aux prêtres et représentants du peuple. — N'ayant pas de réplique, les prêtres et les politiciens ont toujours raison; — alors, les intérêts publics sont dirigés constamment au profit de ceux qui ont voix délibérative.

Voilà pourquoi le grand Philosophe de la Nature a déclaré que :

Le règne de la justice ÉTAIT IMPOSSIBLE, si DIEU, cela veut dire tout le monde, n'était pas appelé à diriger patriarcalement les intérêts publics dans la juste proportion de ceux que chacun possède dans une société.

C'est là l'enseignement exclusif et indiscutable qui ressort en esprit des paroles du Maître citées plus haut, ainsi que de l'ensemble des démonstrations contenues dans ce chapitre.

II.

Je suis le Dieu jaloux (1).

L'adoration est le culte exclusif que l'homme doit à son père spirituel; par ce motif, les Védas primitifs et après eux Moïse nous apprennent que Brahma ou notre Père est jaloux des prérogatives que lui ont données les lois naturelles.

« *Le serviteur n'est pas plus que son maître, ni l'envoyé plus que celui qui l'a envoyé.* »

(Luc, chap. XIII, verset 16).

(1) La jalousie de notre père spirituel est simplement causée par la plus ou moins grande mauvaise conduite du fils, qui compromet ainsi et dans une mesure quelconque l'avenir commun.

Le premier commandement mosaïque a eu en effet pour but de constater l'excellence de la direction suprême, que le père spirituel doit exclusivement exercer par l'organe de la conscience sur chacun des fils de la Nature doté du Verbe.

Par ces motifs :

En dehors de l'amour dans le mariage, chacune des relations charnelles dont l'homme se rend coupable constitue une infidélité au culte exclusif que chacun de nous doit à son Brahma ; — les fluides vitaux qui lient le fils à son père spirituel sont toujours un peu voilés c'est-à-dire souillés dans une certaine mesure par les pratiques de ce genre. — Les souillures résultant de l'acte de chair en dehors de la moitié de son choix, séparent plus ou moins le fils du père, — ce dernier est momentanément éloigné du fils par une espèce de compétition fluidique non conforme aux lois naturelles, cette compétition rend par le fait notre Dieu jaloux, comme l'a si bien dit l'honnête et savant Moïse.

Chaque souillure de ce genre doit être lavée comme toutes les autres. — Dans l'espèce, le lavage consiste à passer régulièrement une existence dans le mariage monogamique avec chacun de nos complices d'amours illicites, qui ont eu les plaisirs de la chair pour but ; — si bien que, tout amour en dehors du mariage selon la loi de Nature construit un billet quelquefois bien terrible à payer, billet que les deux contractants ont signé par le fait et dont le paiement à l'échéance doit s'effectuer fatalement.

Il a été dit à ce sujet :

« *Celui qui obéit à la loi construit sa maison sur le roc, mais celui qui désobéit à la loi construit sa maison d'avenir sur le sable.* »

Cette loi des responsabilités ainsi constatée, nous explique clairement le pourquoi de la masse considérable des mariages mal assortis, qui sèment bien des malheurs dans les relations des familles.

Voici un des points physiologiques de la loi des responsabilités dans l'acte de la chair.

En dehors du règne des collectivités dans lequel tous les contractants sont des gagnants, — chacune des transactions humaines représente presque toujours un perdant et un gagnant, on pourrait même dire un voleur et un volé.

Dans l'amour en dehors du mariage monogamique, par exemple, le pécheur qui gagne est toujours le plus inférieur sur l'échelle de la vie universelle, parce que la Nature la plus inférieure se met de côté une existence protégée, tandis que la Nature la plus perfectionnée d'entre les deux pécheurs, se met d'ores et déjà un boulet au pied pour l'avenir.

La loi terrible des responsabilités punit ainsi les erreurs de l'esprit par l'esprit, mais quant aux simples dépravations de la chair elles subissent les punitions de la chair seulement, — car tout est minutieusement juste et équitable dans la loi des destinées.

*
* *

Le grand Philosophe de la Nature qui est venu nous rappeler tous et chacun des articles de la **grande loi**, a précisé lumineusement par ces paroles la loi des responsabilités dont l'une des faces est étudiée ci-dessus :

« *Celui qui me rejette et ne reçoit point mes paroles* **a déjà qui le juge :** *la parole que j'ai annoncée,* **c'est elle qui le jugera à son dernier jour.** »

(Jean, chap. XII, verset 48).

L'intelligence de la loi des responsabilités dont chacun a l'intuition en lui-même, nous fait rechercher les êtres les plus beaux, les plus intelligents mais surtout les plus sympathiques pour partager nos amours charnels.

Par l'harmonie qui naît naturellement des oppositions, chacun des fils de la Nature recherche dans son complice les qualités qui lui manquent et qu'il aime par conséquent, c'est-à-dire dont il est plus ou moins privé ; — en effet, l'homme recherche généralement la grâce et la beauté dans la femme qu'il désire séduire, — mais la femme ayant davantage besoin de protection, aime la force, la bonté, la santé et l'intelligence chez l'homme auquel elle s'attache pour plus ou moins long-temps, selon la somme de sa constance.

En résumé :

Le bien, le bon et le beau, sont ici comme partout ailleurs dans la Nature les attraits spéciaux qui réunissent par opposition chacun des mouvements humains, lesquels rassemblent fatalement les deux moitiés mâles et femelles dans l'intelligence unitaire de la production universelle.

La loi supérieure des responsabilités qui entraîne d'abord, puis règle ensuite toutes les relations se produisant entre le fils des deux sexes du grand Architecte de l'univers, nous a été magistralement définie dans son côté moral par les paroles suivantes du Maître en toutes sciences humanitaires :

« *Des pharisiens y vinrent aussi pour le tenter, et ils lui dirent : — Est-il permis à un homme de répudier sa femme, pour quelque sujet que ce soit ?* »

« *Et il leur répondit : N'avez-vous pas lu que celui qui créa l'homme, au commencement du monde, fit un homme et une femme ?* »

« *Et qu'il est dit : C'est à cause de cela que l'homme quittera son père et sa mère, et qu'il s'attachera à sa femme, et les deux ne feront qu'une seule chair.* »

« *Ainsi ils ne sont plus deux mais une seule chair. Que l'homme ne sépare point ce que Dieu a uni.* »

« *Ils lui dirent : — Pourquoi donc Moïse a-t-il commandé de donner la lettre de divorce quand on veut répudier sa femme ?* »

« *Il leur dit : — C'est à cause de la dureté de votre cœur que Moïse nous a permis de répudier nos femmes :* **mais il n'en était pas ainsi au commencement.** »

NOTA. — La dernière partie de ce verset vise le règne des collectivités de la première époque védique, qui a doté si longtemps les Indous de l'extrême antiquité du Paradis terrestre.

« *Mais je vous dis, moi, que quiconque répudiera sa femme, si ce n'est pour cause d'adultère et en épousera une autre, commet un adultère; — et celui qui épousera celle qui a été répudiée commet aussi un adultère.* »

Instruction. — On voit clairement que l'adultère est le plus grand crime que l'homme puisse commettre contre son père spirituel, c'est-à-dire le crime qui enfreint le plus violemment le : **Un seul Dieu tu adoreras.**

« *Ses disciples lui dirent : Si telle est la condition de l'homme avec la femme, il ne convient pas de se marier.* »

« *Mais il leur dit : Tous ne sont pas capables de cela, mais seulement ceux-là à qui il a été donné.* » (C'est-à-dire aux hommes supérieurs ou à ceux qui ont le bonheur de vivre dans une société collective.)

« *Car il y a des eunuques qui sont nés tels dès le ventre de leur mère : — il y en a qui ont été fait eunuques par les hommes, il y*

*en a qui se sont fait eunuques eux-mêmes pour le royaume des
cieux. Que celui qui peut comprendre ceci le comprenne.* »

(Mathieu, chap. xx, versets 3 à 12 inclus).

Instruction. — Celui qui naît eunuque est celui qui a usé
autrefois, c'est-à-dire consommé momentanément ses vertus
de la génération matérielle par des abus de toutes sortes.

Celui qui a été fait eunuque par les hommes a désiré qu'il en
soit ainsi, soit pour laver un crime semblable, soit pour se
modifier dans l'obéissance à ses appétits matériels.

Mais celui qui se fait moralement eunuque lui-même en
dehors des pratiques permises par le mariage, est un esprit
supérieur qui aspire au royaume de la justice ; — un homme
agissant ainsi craint justement d'être rejeté dans des existences plus ou moins malheureuses, s'il se sépare de son père
spirituel en se souillant d'infidélités charnelles que la Nature
défend.

La loi des responsabilités individuelles est physiologique-
ment la même en intelligence pour chacune des autres infrac-
tions de l'homme à la loi naturelle, et, cela dans toutes ses
différentes relations d'intérêts avec ses semblables ; — c'est la
constatation scientifique de cette loi qui formera le sujet principal de la conclusion de ce chapitre.

I.

Comment l'on doit prier son Père spirituel.

La dualité fonctionnelle existe en tout et partout, dans la
voie créatrice aussi bien que dans celles pratiques de la vie

journalière; en un mot et de même qu'en toute chose il y a deux sortes de prières :

1° La prière ayant pour but les intérêts personnels, ce genre de prière est celle des religions individuelles.

2° La prière qui a pour motif les intérêts collectifs de l'Humanité dans lesquels chaque individu a sa part, cette prière est celle des religions collectives.

La première nature de prière par laquelle on demande à son Père spirituel un soutien, des conseils ou des consolations est toujours une excellente chose pour le progrès individuel de celui qui prie.

Le premier Christ nous a renseigné à ce sujet par ce peu de mots :

« Purifiez votre vie par le travail et votre esprit par l'aveu de vos fautes. »

(Parabole dans la forêt déserte de Yezeus-Kristna ; extrait du *Hari-Pourana*, livre sacré du Brahmanisme indien.

La prière individuelle, est, en effet et presque toujours, un aveu de ses faiblesses et une demande de protection contre soi-même.

*
* *

Par ces deux principes généraux de la prière je ne veux pas parler, bien entendu, des prières égoïstes de la superstition dans le genre de celle-ci que l'on attribue à un brigand italien de la Renaissance :

« Mon Dieu, je ne te demande pas de biens ; — dis-moi seulement où il y en a et j'irai bien les prendre. »

L'exposé de cette prière qui représente l'exagération de l'égoïsme individuel, est loin d'être inutile à l'intelligence du sujet que je traite par l'étude des deux genres de prières employés généralement.

Malgré son exclusivisme, la prière qui a un but seulement individuel est toujours une excellente chose par l'épuration spirituelle qu'elle produit; — d'un autre côté, notre père spirituel qui n'aime rien au-dessus de la partie de lui-même qui est son fils, fait tout ce qu'il peut pour lui être utile dans ce qu'il lui demande, mais il est toujours circonscrit dans sa bonne volonté par la **loi** de la vie présente, qui est tracée d'une façon fatale par la nature de l'existence et même des existences antérieures de sa deuxième personne; — la loi des destinées que chacun de nous s'est faite, ne peut, en effet, être franchie par rien au monde.

« Car je vous le dis en vérité, jusqu'à ce que le ciel et la terre passent, il n'y aura rien dans la loi qui ne s'accomplisse, jusqu'à un seul iota, et à un seul trait de lettre. »

(Mathieu, chap. v, verset 18.)

L'homme construit donc lui-même sa loi d'avenir par sa conduite de tous les jours.

* *
*

Les demandes de gain, de richesses et de protections pour les intérêts individuels faites par la prière à son père spirituel, ne servent à rien, si ce n'est d'adoucir et de purifier peu à peu l'esprit de celui qui prie.

Quant à la deuxième nature de prière, c'est-à-dire celle qui a un but collectif avec l'amour général du prochain pour objet, son effet est tout différent.

Pour exaucer ce deuxième genre de prière qui intéresse les pères spirituels de tous les citoyens, notre branche peut, en effet, demander et obtenir l'assistance de toutes les forces collectives de l'harmonie universelle dont elle est une parcelle et avec lesquelles elle est liée par la féconde solidarité du but utilitaire de toute chose, qui est le fluide vital universel.

Dans ces conditions logiques et rationnelles, le père peut fortifier le fils dans une large et parfois énorme mesure, dont le dernier Christ nous donne un exemple frappant par les grandes choses qu'il a accomplies.

La solidarité spirituelle a donc une puissance immense sur la terre pour la protection des œuvres de ceux qui s'occupent sincèrement de l'établissement du royaume de la Justice ; — mais il ne faut pas se borner à la prière, il faut des actes utiles, c'est-à-dire des bonnes œuvres, — voici comment le premier Christ connu nous apprend la bonne pratique du culte des intérêts collectifs et la réunion heureuse de ceux qui agiront ainsi avec leur Brahma :

« *Mais sachez-le tous, nul d'entre vous n'arrivera à s'absorber dans le sein de Brahma par la prière seulement, et le mystérieux monosyllabe* (la prière au feu et à l'eau) *n'effacera vos dernières souillures, que lorsque vous arriverez sur le seuil de la vie future chargés de bonnes œuvres, et les plus méritoires parmi ses œuvres, seront celles qui auront eu pour mobile l'amour du prochain.*

(Parabole dans la forêt déserte ; extrait du *Hari-Pourana*, livre sacré du Brahmanisme de l'Inde antique.)

*
* *

Le règne des collectivités représentant la pratique large et générale de l'amour du prochain, il protège et développe les multiples intérêts matériels de chacun des hommes en même temps que leurs intérêts spirituels.

Malheureusement, les réformateurs animés de l'amour pur du prochain sont quelquefois longtemps avant d'être entendus des peuples, ils sont même quelquefois persé-

persécutés, mais ils sont toujours protégés par les puissances supérieures.

Exemple :

Après avoir prédit les plus odieuses persécutions aux réformateurs sincères qui devaient le suivre, parlant à ses amis, le maçon Jésus a dit par-dessus les siècles ces mémorables paroles à tous les hommes de bonne volonté :

« *Et partout où l'on ne vous recevra pas, et où l'on n'écoutera pas vos paroles, en sortant de cette maison où de cette ville, secouez la poussière de vos pieds* ».

« *Je vous le dis en vérité que Sodome et Gomorhe ont été traitées moins sévèrement au jour du jugement que cette ville ou cette maison-là.* »

(Mathieu, chap. x, versets 14 et 15.)

La menace contenue dans ces deux versets est celle de la loi Naturelle, — elle s'accomplit toujours aussi fatalement que les destinées individuelles construites par le passé de chacun des hommes dont cette menace n'est en réalité que le corrollaire, cela veut dire le complément.

On voit clairement que la solidarité de nos pères spirituels pour les intérêts communs de leurs fils, constitue véritablement la conservation du bien général en toute chose.

*
* *

Pout profiter individuellement des bienfaits de la solidarité universelle, il faut persister jusqu'au bout dans le travail matériel et sprituel que l'harmonie générale impose à tous les hommes libres et de bonnes mœurs : — rien, en effet, n'est accordé et ne peut être accordé aux improductifs ni à ceux qui se contentent de tracer des devoirs aux autres, mais qui ne prêchent pas par l'exemple.

L'homme qui prêche sans travailler effectivement au plan du grand Architecte de l'univers perd ses droits à la solidarité universelle, parce qu'il s'est inintelligemment et exclusivement jeté dans le stéril et égoïste intérêt individuel ; — le grand Philosophe de la Nature a repoussé en ces termes les hommes qui prêchent seulement, sans travailler au grand plan :

« *Les Scribes et les Pharisiens sont assis sur la chaire de Moïse* ».

« *Observez donc et faites tout ce qu'ils vous diront d'observer ; mais ne faites pas comme ils font, parce qu'ils disent et ne font pas.* »

(Mathieu, chap. XXIII, versets 2 et 3.)

Par contre, les hommes qui prêchent le bien par l'exemple ont été ainsi encouragés par ces paroles du père Jésus :

« *Mais celui qui aura persévéré jusqu'à la fin sera sauvé.* »
(Mathieu, chap. XXIV, verset 13.)

Il faut donc toujours travailler matériellement et spirituellement au grand plan de la Nature et prier constamment son père spirituel pour le travail et les travailleurs, dans le but de l'organisation collective qui doit sauver l'Humanité du mal et des malins.

NOTA. C'est à dessein que je n'ai pas parlé du *Pater* dans cette étude sur la prière, parce que le *Pater* est une prière juive de la décadence judaïque, — cette prière a été faite pour égarer les hommes sur la connaissance de leur père spirituel.

(Voir les grands Dictionnaires au mot *Pater*, et surtout le *Dictionnaire Larousse*).

J.

De la fidélité aux lois morales et matérielles de la Nature.

1° J.

La fidélité aux lois matérielles.

Celui qui n'est pas fidèle aux lois matérielles de la Nature, qui commandent de partager harmonieusement le travail et le repos du corps et du cerveau, de se soigner selon son tempérament lorsqu'on est malade ou indisposé, de boire et manger le plus régulièrement possible selon les besoins de son corps, de choisir ses aliments en harmonie avec sa nature, d'éviter les chocs moraux et matériels, c'est-à-dire ne pas se mettre inutilement devant les dangers, de respecter les lois de l'hygiène dans toutes ses habitudes, d'épargner dans les époques d'abondance afin de ne pas trop avoir à se priver dans les périodes malheureuses, d'élever ses enfants au travail pour en faire des producteurs, afin que, quoi qu'il arrive, l'homme laborieux soit à peu près certain d'avoir de l'aide sur ses vieux jours, etc.

En un mot, celui qui néglige les soins matériels prescrits par les lois naturelles, ne se donne pas complètement les chances de se préserver du mal et des maladies de toute sorte dont les besoins journaliers et les accidents de la vie menacent sans cesse l'homme, — celui-là, dis-je, trouve généralement le malheur presque partout où la Nature a pourtant mis le bonheur pour lui.

Il en est exactement de même, en principe, pour l'infidélité aux lois morales.

2° J.

La fidélité aux lois morales.

Le grand Philosophe nous a donné par la doctrine suivante (*dont il est déjà parlé plus haut*), le plus grand enseignement scientifique sur le respect des lois naturelles qui ait jamais été présenté à l'Humanité.

Un pharisien demandait au dernier Christ quel était le plus grand commandement de la loi de Nature, le Maître en toutes les sciences lui répondit :

« *Tu aimeras le Seigneur ton Dieu de tout ton cœur, de toute ton âme et de toute ta pensée.* »

« *C'est là le premier et le grand commandement.* »

« *Et voici le second qui lui est semblable. Tu aimeras ton prochain comme toi-même.* »

« *Toute la loi et les prophètes se rapportent à ces deux commandements.* »

(Mathieu, chap. xxii, versets 37, 38, 39 et 40.)

Les deux commandements mosaïques si bien jugés ci-dessus représentent en effet les deux seuls points scientifiques, à l'intelligence desquels l'homme doit conformer toute la direction morale de son existence, s'il veut jouir du bonheur terrestre que les lois naturelles réservent exclusivement à ceux qui leur sont fidèles.

3° J.

La loi principale de fidélité.

Lorsqu'un homme et une femme se sont fiancés, puis, unis par l'amour dans le mariage, alors le symbole de l'œuf d'or de Brahma est accompli (1), cela veut dire que, deux branches mâle et femelle formant au complet le père de la trimourti ou trinité, se sont réunis corporellement pour être la moitié l'un de l'autre.

Une fois unis, l'homme et la femme n'ont plus que leur divinité réciproque à adorer et à protéger ; à eux deux ils forment l'harmonie complète de la trinité familiale dont la troisième personne sera représentée par les fruits de leur union, cela veut dire par leurs enfants.

Le mariage étant à la fois un contrat moral par l'union spirituelle et un contrat matériel par l'union des intérêts privés, — la fidélité dans le mariage représente bien l'exécution honnête de la loi naturelle de laquelle toutes les destinées humaines dépendent.

Par contre, l'infidélité dans le mariage représente la rupture morale du contrat de la loi naturelle.

La liste des malheurs et accidents causés par les infidélités du mariage est bien longue ; — les suicides, les homicides, les désespoirs, les désordres de la vie, l'abandon des affaires, qui ruinent parfois complètement l'honneur et l'avenir d'un

(1) Brahma, que l'esprit seul peut percevoir, produisit d'abord les eaux dans lesquelles il déposa un germe. Le germe devint un œuf brillant comme l'or, il sépara cet œuf en deux parts qui furent les nuages et la terre, c'est-à-dire les deux sexes masculin et féminin : *marnava dharma-sastra.* (Lois de Manou.)

nombre considérable de familles dans les sociétés, ont généralement cette cause.

Puis, combien y a-t-il de chagrins ignorés et de séparations intimes qui n'ont pas d'autres motifs ; — en plus, quel n'est pas le sort malheureux des enfants de ménages semblables ? les uns sont regardés avec défiance par leur père qui a toujours un doute quelconque sur leur provenance criminelle, de là les détournements de la fortune des familles, les donations entre vifs pour déshériter les enfants sur lesquels les soupçons paraissent justifiés, etc., etc.

Ces exemples pourraient se multiplier à l'infini.

4° J.

Lois générales de la fidélité.

L'homme doit rester libre sous l'influence immédiate et exclusive de son directeur spirituel qui est son père éternel.

La liberté de l'homme consiste :

1° A n'avoir aucun représentant, c'est-à-dire à faire toutes ses affaires lui-même ou avec délégués.

2° A n'avoir aucun gouvernement spirituel ni temporel sur la terre si ce n'est celui des collectivités.

3° A n'avoir aucun associé dans les intérêts matériels si ce n'est sa moitié et ses enfants (1).

Tout autre contrat ou arrangement social est réprouvé par les lois naturelles, parce qu'il enfante la lutte des intérêts avec

---

(1) Quatre-vingt-dix-huit fois sur cent au moins, le travailleur ne s'associe que pour avoir l'argent qui lui manque. — Or, le règne des collectivités organisant le crédit par les responsabilités proportionnelles, ce règne bienfaisant donnera par conséquent à très bas intérêt l'argent qui sera utile à chaque travailleur, alors il ne sera nullement utile à l'homme de s'associer.

la servitude et même l'esclavage, enfin il constitue l'idolâtrie, car il faut bien se souvenir des paroles de l'honnête Moïse :

« *Un seul Dieu tu adoreras et aimeras parfaitement.* »

Le deuxième commandement mosaïque est semblable au premier a dit le Maître en toutes les sciences, — ce deuxième commandement nous représente l'amour du prochain, c'est-à-dire la deuxième face de la grande loi de la fidélité :

La loi de fidélité comporte donc également la constance de l'homme dans le culte de sa seconde famille, — qui est la famille des intérêts communs à tous les citoyens d'une même profession.

Puis, arrive la troisième personne de la trinité sociale qui est son esprit, c'est-à-dire son intelligence; — cette troisième personne est la fédération des familles professionnelles d'un pays.

Dans le chapitre suivant, je démontrerai que le malheur et la ruine atteignent toujours les sociétés qui laissent détruire leurs familles professionnelles, en favorisant par ce moyen la bataille générale des intérêts entre les hommes, à l'ombre de laquelle tous les despotismes et toutes les servitudes sont possibles.

5° J.

La loi naturelle d'alliance.

Tous les désirs, envies, ambitions et volontés de l'homme lui sont suggérés par les trois situations générales de sa vie, savoir :

1° Par son état d'avancement moral comparé avec le centre social dans lequel il vit.

2ª Par les fluides plus ou moins souillés ou plus ou moins épurés qui constituent les facultés de sa personnalité.

3º Par son père spirituel, qui a l'intérêt le plus complet à ce que son fils suive les voies les plus conformes possibles aux lois de la nature, afin d'être fortifiés et de progresser ensemble dans l'harmonie générale.

Ces trois situations représentent les trois personnes de la loi d'alliance, ces trois personnes n'en forment réellement qu'une comme chacune des harmonies trinitaires, qui prennent naissance et rentrent toujours dans l'esprit d'unité.

*
* *

La loi d'obéissance à son père spirituel est supérieure à celle des deux autres personnes de la loi naturelle d'alliance, — parce que cette obéissance représente entièrement la bonne réglementation de toute la loi.

Voici la pratique de la loi d'alliance représentée par ses points les plus importants :

A. L'alliance du père et du fils de la trinité individuelle fait le bonheur du père et du fils.

B. L'alliance des deux sexes dans le mariage fait le bonheur moral et matériel du fils.

C. L'alliance, par la conciliation et la mutualité des intérêts communs de la vie humaine fait le bonheur matériel des hommes et des sociétés.

La loi naturelle a réglé l'alliance spirituelle en intéressant l'homme à obéir (*autant que ses facultés le permettent*) à son père spirituel, que les générations du Paradis terrestre appelaient sa branche parce que l'homme en est éternellement le fruit.

La loi humaine a réglé la deuxième alliance en recommandant à la femme d'obéir à son mari.

La loi de solidarité a réglé la troisième alliance en disant à l'homme : — Tu es une parcelle du grand Tout, à ce titre, ton intérêt moral et matériel le mieux entendu consiste à faire pour chacune des autres parcelles du grand Architecte, ce que tu voudrais qu'il te fût fait si tu étais à son plan actuel sur la grande chaîne d'union, ainsi qu'à sa place présente dans le monde, afin que chacune des parcelles de l'esprit universel soit obligée par la loi de réciprocité d'en faire autant que toi.

Ces trois derniers points de l'alliance n'en forment toujours qu'un seul, qui est l'obéissance la plus entière en esprit et en vérité à l'intelligence de toutes les lois de la Nature.

*
* *

Afin d'unifier ses pensées, ses intérêts et sa conduite à l'intelligence pratique de la religion maçonnique, l'homme libre et de bonnes mœurs doit s'adresser à peu près en ces termes à son père spirituel chaque fois qu'un ennui, un chagrin ou un froissement dans ses relations est venu l'affliger plus ou moins :

Oh ! mon père, conseille-moi dans la direction des actes de ma vie, afin qu'ils soient en harmonie parfaite avec la société dans laquelle je vis.

Pardonne les égoïsmes individuels que mes besoins matériels ainsi que ceux de ma famille me suggèrent, puis quelquefois m'imposent, et à la pratique desquels me pousse la profonde division des intérêts que la société individualiste fait subir à l'homme laborieux.

*
* *

Résumé de cette deuxième partie de la foi spirituelle.

Je borne ici les relations du père et du fils au point de vue de la science spirituelle et sociale, qui a créé et créera encore le Paradis terrestre au profit de l'Humanité ; — réservant pour la fin de ce chapitre une étude sur les mêmes relations, mais au point de vue en quelque sorte matériel, c'est-à-dire au point de vue de la qualité des actes de la vie de tous les instants de chacun des hommes, ainsi qu'à celle de l'influence précise que chacun de ses actes opère pantographiquement (*si je puis m'exprimer ainsi*) sur la construction de ses existences futures.

Cette dernière partie du présent chapitre qui en est en même temps la conclusion prendra donc naturellement le titre de : **la Science des destinées.**

LA FOI MAÇONNIQUE

2°

LA PERTE DU PARADIS TERRESTRE

EXPOSÉ

Suivant l'état de leur avancement comparé avec le centre dans lequel ils vivent et se meuvent, les nations comme les individus préparent eux-mêmes le bonheur où le malheur de leur avenir par l'ordre ou le désordre de leur existence, — cela veut dire, par la marche familiale ou excentrique de leurs mœurs sociales.

En jetant un coup d'œil sur l'histoire de l'Humanité on verra partout que le relâchement des mœurs, c'est-à-dire leur éloignement du principe familial qui représente l'infidélité au culte du Père de chacun des humains, a précédé invariablement la décadence de tous les peuples ainsi que l'arrivée au pouvoir des grands despotes, qui ont réglé au profit de leur pouvoir égoïste les conditions plus ou moins dures de l'asservissement des populations, soit par le dogme religieux, soit par la loi civile imposée par la force brutale, soit par tous les deux à la fois.

12

A

Le Symbole évadien.

L'île de Ceylan d'abord, puis le sud entier des Indes de l'extrême antiquité, puis le centre et enfin le nord de ces grands pays ont été le berceau du bien social par le règne des collectivités professionnelles, sous l'égide duquel les premières nations civilisées du globe ont réglé patriarcalement toutes leurs relations d'intérêts communs et généraux pendant un nombre considérable de milliers d'années.

C'est pour ces divers motifs que les premiers législateurs ont placé le Paradis terrestre dans l'île de Ceylan (Lanka) ; — nous allons voir comment l'Humanité d'alors a perdu le Paradis terrestre par l'adoption du règne de l'individualisme, figuré au moyen de la pomme d'or arrachée de l'arbre des sociétés par Adam et Ève symbolisant l'Humanité.

*
* *

A la suite de la longue période du Paradis terrestre dont chacun des hommes intelligents a encore l'intuition ; — le centre, puis le nord et enfin le sud des Indes de l'extrême antiquité ont été le berceau du règne social du mal : — En un mot, les malheureux Indous de cette époque ont perdu la paix familiale par le règne de l'individualisme avec ses castes, dont la dure domination a été imposée peu à peu par les sectes sacerdotales brahmaniques sorties d'abord de leur sein, puis, constituées en pouvoir public suprême à la suite de la grande révolution servile, par Manou l'Ancien d'abord, puis par ses successeurs.

Quand les populations primitives se furent créé d'importantes épargnes de toutes sortes, le désordre commença,
puis se développa peu à peu dans les mœurs en commençant
comme toujours par le haut de la société.

Les pommes d'or du jardin des Espérides et la pomme d'or
de l'arbre de science du bien et du mal représentent un seul
et même symbole qui est celui de la perte du Paradis terrestre,
ravi à l'Humanité par les sectes sacerdotales, qui ont réussi à
établir la division des intérêts entre les hommes, grâce à la
femme qu'ils avilirent par le désordre des mœurs.

*
* *

Voici l'explication de ce symbole sublime dans son esprit
et dans sa vérité :

« Eve, symbole de la partie féminine de l'Humanité, solli-
« citée par le serpent de l'individualisme représenté par les
« sectes sacerdotales, entraîne l'Humanité masculine repré-
« sentée par Adam à dérober à la société collective représentée
« par l'arbre de la science du bien et du mal, la pomme d'or
« du pouvoir individuel ; — le pouvoir individuel gratifie
« l'Humanité de la jouissance libre et désordonnée des biens
« matériels et lui ôte par conséquent et tout à la fois, la jouis-
« sance de ses droits et l'obligation de ses devoirs. »

« Honteuse après son crime, l'Humanité représentée par
« Adam et Eve cherche à cacher individuellement à son pro-
« chain, ses pensées, ses intentions et ses actes ; — et pour-
« tant, lorsque l'Humanité vivait heureuse sous le règne des
« collectivités, chacune de ses pensées ou intentions indivi-
« duelles était avouée au grand jour parce qu'alors elles étaient
« pures, grâce à la mutualité. »

Cette explication du symbole de la perte du Paradis terrestre
nous démontre lumineusement que :

La probité ne pourra revenir régner généralement sur la terr
qu'après la suppression complète du système social appelé l'indivi
dualisme.

B.

Manou l'Ancien.

Manou n'a pas créé le Brahmanisme qui existait bien de
siècles avant lui; — non, Manou a simplement réglement
une société de castes privilégiées et serviles à la suite d
longues luttes religieuses et de terribles guerres civiles.

Manou a réorganisé législativement cette société profondé
ment troublée, et a consolidé et réglementé l'autorité de fonc
tionnaires publics qui étaient déjà Brahmanes, c'est-à-dire le
représentants du Brahma trinitaire de la vieille religion so
ciale, qui réglait avant eux les rapports des populations vé
diques par l'esprit de famille.

En un mot, à titre de père de chacun des hommes, Brahm
a été le symbole spirituel de la longue période du Paradi
terrestre.

« *Le symbole et rien de plus, tel est la religion de la période vé*
dique. »   (M. Émile Burnouf).

***

Il n'y a jamais eu qu'un Manou législateur, de même qu'i
n'y a jamais eu qu'un César conquérant; — les successeur
de ces deux colossales figures du despotisme dogmatique e
militaire se sont parés de leurs noms, afin de démontrer au
peuples qu'ils entendaient suivre les principes de gouverne
ment que ces chefs d'école avaient fondé.

Les Manous qui ont succédé à l'ancien sont donc des copistes serviles de l'autocratie dogmatique réglementée par le premier, qui a renfermé les théories de la servitude des peuples dans un recueil de lois appelé le *Manava-Dharmasastra*, qui est le seul code des Manous.

Ces faits historiques portent en eux-mêmes l'enseignement suivant dont ils sont la conséquence, savoir :

Chacun des grands faits qui se produit dans la Nature humaine a sa raison d'être dans le passé des populations, — cela veut dire que : — chaque pôle positif d'une action plus ou moins importante accomplie contre les intérêts d'un homme ou contre ceux d'une société, soit au point de vue moral, soit au point de vue matériel, a certainement dans le passé de cet homme ou de cette société un pôle négatif correspondant à l'importance de cette action ; — sans cela, aucun des grands faits dont je parle n'aurait pu et ne pourrait encore se produire.

*
* *

Relativement à la pratique des despotismes sociaux :

Nous connaissons parfaitement et historiquement les importantes corruptions de mœurs du peuple de la République romaine, corruptions qui ont produit le chancre gouvernemental nommé le césarisme ; — il en est de même des époques qui ont précédé chacun des grands despotismes anciens et modernes.

Cette connaissance nous ferait préjuger avec certitude (*si nous ne la connaissions déjà historiquement*) la longue durée du relâchement des mœurs des peuples védiques, qui a motivé la venue du chancre gouvernemental appelé la Théocratie brahmanique, dont Manou l'Ancien a été le fondateur à la suite de la grande révolution servile dont je donne plus loin le résumé historique :

Pour arriver à établir l'organisation brahmanique, Manou l'Ancien a réglementé gouvernementalement la véritable religion de Brahma, qui est celle maçonnique; — religion fondée et pratiquée par les trois races, blanche, jaune et noire, qui avaient établi entre elles le Paradis terrestre par une solide union sociale.

.·.

Manou l'Ancien vivait il y a environ vingt-cinq mille ans (1), son œuvre gouvernementale nous représente le type et le

(1) Les dates des grands événements de l'histoire de l'Inde brahmanique et royale étant sculptées dans le roc vif des pagodes souterraines sous la forme de zodiaques astronomiques, nous pouvons être certains de la date approximative ci-dessus.

Je donne ici un exemple de date moyenne prise au hasard entre cent autres. Nous lisons dans L'Avadhana-Sastra ou récits historiques, IIᵉ partie :

« Lorsque le saint ermite Yati-Richi fut désigné comme le plus digne de représenter Brahma, Sourya effleurait Mecha de ses rayons bienfaisants, et le riz et le menu grain jaunis attendaient la faucille. »

Avant de donner l'explication de cette phrase qui indique la date précise de la nomination du sage Yati-Richi aux éminentes fonctions de brahmatma, c'est-à-dire de chef religieux de tous les brahmes, voyons comment s'exprime le Vedanga-Sastra, ou recueil de chronologie historique fixée par l'astronomie.

« Prise de possession de la boule d'ivoire représentant le monde, et du trépied d'or, par le brahmatma Yati-Richi. — Sourya (le soleil) partage d'une manière égale les jours et les nuits; le point équinoxial d'automne se trouve au premier degré du Bélier. »

Un simple calcul astronomique va nous donner maintenant la date de l'élévation de Yati-Richi aux fonction de brahmatma.

Il est de principe que la précession annuelle est de 50" et une fraction d'environ 1/3. Il en résulte qu'un degré se déplace en une période de 71 années 9 mois, et un signe entier en 2,153 années environ.

Or, en remontant de signe en signe déplacé, on constate : que le point équinoxial du printemps se trouvait au premier degré du Bélier, l'an 388 avant Jésus-Christ.

Et en continuant à se diriger par le déplacement des signes on arrive à trou-

motif de toutes les inventions despotiques, tant religieuses que civiles, despotismes qui ont asservi et décimé les populations depuis son époque reculée.

Manou l'Ancien roi et législateur des Indes de l'extrême antiquité était évidemment un homme fort instruit; — il devait être aussi bon orateur qu'écrivain distingué si l'on en juge par son Code, le *Manava dharma Sastra*, qui a été presque entièrement écrit par lui selon l'opinion de la plupart de nos Indianistes, et le tiers à peine par ses successeurs du même nom.

Par les premiers Védas qu'il avait à sa disposition et dont il a transformé le sens collectif en lois individualistes, — Manou l'Ancien possédait la clef de toutes les sciences naturelles, il en connaissait sans doute la perfection pour le bonheur de l'Humanité, car la plus grande partie de ses lois sont d'une grande élévation morale.

Malheureusement, Manou fut élevé au pouvoir par les brahmes de la première religion védique, si bien qu'il fut en quelque sorte obligé d'organiser le grand pays des Indes pour eux, puisqu'il était réellement leur représentant au pouvoir suprême.

Voici, autant qu'il est possible de le libeller à l'aide du peu de renseignements qui nous reste sur les époques du Paradis terrestre, comment se fit la conquête de l'Inde par les sectes sacerdotales.

ver : que le point équinoxial de l'automne était au premier degré du Bélier, en l'an 13300 avant notre ère.

Donc, nous pouvons dire avec la certitude d'un calcul astronomique, que Yati-Richi a été élu brahmatma, en l'an 13300 avant notre ère, puisqu'au moment de son élection, le Zodiaque construit pour fixer l'état du ciel indique que le point équinoxial de l'automne était au premier degré du Bélier, état que le monde ne reverra que dans 11,000 ans d'ici environ.

Il n'est pas dans notre propre histoire de date plus indiscutable que celle-ci.

NOTA : *Les calculs astronomiques actuels se font identiquement comme ceux des savants astronomes indous de l'extrême antiquité.*

C°.

Conquête législative du premier peuple indien

1. A.

APERÇU GÉNÉRAL

Nous allons voir que c'est la profonde honnêteté des deux races supérieures des Indiens primitifs, qui perdit les peuples du Paradis terrestre et servit à les courber sous le joug de l'individualisme.

La fédération des peuplades patriarcales fonctionnait et dirigeait les Indes primitives par des pratiques dont on retrouve la théorie presque intacte dans la Franc-Maçonnerie.

Plus tard, une secte sacerdotale se forma comme il va être expliqué ci-après : les sectaires étaient des espèces de lévites, magistrats du peuple d'abord, puis, ces magistrats se donnèrent le nom d'aryas (nobles) ; — cette noblesse s'acquérait simplement par la pratique des fonctions publiques que les pères de famille indous déléguaient alors, au lieu de continuer à les pratiquer eux-mêmes comme ils l'avaient fait dans le cours de tant de milliers d'années.

Enfin, mais beaucoup plus tard et pour renfermer de plus en plus les citoyens dans la seule réglementation de leurs intérêts communs, les premiers aryas parvinrent à se faire nommer à vie par les trop débonnaires pères de famille de l'Inde patriarcale.

Jusqu'à cette époque, les aryas représentaient ou plutôt affectaient de représenter le modèle de toutes les vertus dans leur existence publique et privée.

Une fois nommés à vie ils cachèrent beaucoup moins leurs

intrigues de toutes espèces, — puis, ils se syndiquèrent d'un
bout du pays jusqu'à l'autre et formèrent ainsi cette fameuse
secte purement scientifique d'abord et sacerdotale ensuite,
qui devait réduire à la plus honteuse des servitudes sociales
les descendants de ce grand peuple indien de l'époque patriarcale, soit par son autorité unique, soit en s'associant plus tard
avec les grands et les rois.

*
* *

Nommés à vie, les aryas commencèrent à se faire déléguer
une partie de la dîme du peuple éternel, pour bâtir des temples
dans lesquels ils réussirent à attirer les pères de famille pour
faire la prière en commun à Brahma, prière qui ne devait être
faite qu'en famille, puisque Brahma mâle et femelle était le
père et l'esprit familier de chaque foyer.

Les aryas prirent alors le nom de brahmanes ou brahmes,
c'est-à-dire serviteurs spéciaux et exclusifs de Dieu.

Aussitôt organisés fortement en sectes sacerdotales, les
brahmes s'emparèrent petit à petit de toutes les ressources du
pays et abrutirent les populations par des dogmes supersti-
tieux, en individualisant Dieu ainsi que toutes les puissances
de la Nature.

Les dogmes individuels des brahmes qui nous restent dans
quatre livres intitulés les *Védas* (*mais qui ne sont que les faux
Védas*), ont été littéralement reproduits avec les noms différents par toutes les religions possibles jusqu'à nos jours.

Voici la morale qu'il faut tirer de l'organisation sacerdotale
commencée sur la terre par les brahmes aryas.

**Du jour où le père de famille fut remplacé par le prêtre
dogmatique, l'ambition religieuse naquit et la démorali-
sation des mœurs commença.**

Du jour où le prêtre dogmatique restituera au père de

famille son pouvoir religieux, les croyances simples, les coutumes laborieuses et les mœurs pures fleuriront à nouveau.

*
* *

Isolés dans leur intérêt privé, les pères de famille eurent constamment alors des procès et luttes d'intérêts de toute nature entre eux, que les brahmes pundits qui rendaient la justice furent appelés à juger plus tard, en donnant généralement raison à celui qui avait la plus belle femme ou la plus belle fille.

Et pourtant :

Les brahmes aryas auraient pu occuper le pouvoir suprême et laisser le père de famille être le prêtre unique du grand Architecte de l'univers, en réglant toujours ses intérêts civils dans les tenues corporatives de sa tribu ; — mais les hommes sont ainsi faits (*et c'est là l'un des secrets de la supériorité du principe collectif*), qu'ils ne peuvent se réunir en corporations et sectes sans éprouver immédiatement le désir de tout attirer à eux, et l'égoïsme des sectes gouvernementales devient d'autant plus dangereux, que ce vice antisocial paraît une vertu à ceux qui se rangent sous la bannière des partis politiques ou religieux.

*
* *

Pendant le cour de la première période de l'asservissement du grand peuple primitif de l'Inde, les brahmes épars dans tous les villages des peuplades formaient pour ainsi dire autant de sociétés indépendantes qu'il y avait de pagodes à desservir ; — mais les brahmes ne tardèrent pas à se fédérer à leur tour, à se discipliner, et grâce à l'empire qu'ils avaient acquis sur le peuple ils finirent par s'emparer de la direction civile de l'Inde entière, puis, sous le nom d'aryas brahmes, d'aryas gourou et pundits, ils furent de véritables souverains dont rien ne vint contrebalancer le pouvoir pendant plusieurs autres milliers d'années.

Les aryas brahmes officiaient dans les pagodes des corporations indiennes transformées en temples dogmatiques.

Les aryas gourou instruisaient ou plutôt abrutissaient le peuple.

Les aryas pundits rendaient la justice, levaient les impôts et administraient le pays en même temps.

Tous les brahmes passaient à leur tour dans chacune de ces trois catégories afin d'être également propres au service de l'autel, des écoles ou de l'administration.

Un conseil supérieur de soixante brahmanes pris dans les trois classes d'aryas brahmes, réunissait dans ses mains toutes les attributions civiles et religieuses de ce vaste pays : — ce conseil supérieur était présidé par un chef pris dans son sein, ce chef suprême était désigné sous le nom de brahmatma (*en sanscrit, la grande âme*).

Le brahmatma était vénéré par le peuple comme le représentant sur la terre du Dieu-individu.

L'institution du brahmatma a évidemment servi de modèle et de type pour tous les sultans, souverains, pontifes, et papes, que chacune des religions dogmatiques imposées depuis cette époque aux divers peuples de la terre, ont laissé établir sur leur tête comme étant les représentants du pouvoir divin.

2. B.

Sem, Cham et Japhet.

Voici le résumé des causes naturelles c'est-à-dire scientifiques, qui ont motivé le long fonctionnement du règne des collectivités dans les Indes primitives, ainsi que celui de la grande révolution servile qui a amené sa chute.

Prévoyant les importantes falsifications que les futures sectes sacerdotales du peuple hébreu (*au cou raide*) allaient faire subir dans l'avenir, tant à l'histoire des populations primitives qu'à ses propres écrits, — le savant et honnête Moïse nous a laissé par les symboles du déluge, de Noé et de ses fils, un groupe d'éléments suffisants pour reconstruire (*à toutes les époques*) l'histoire des peuples qui se sont dotés du Paradis terrestre par leur union sociale.

Avant les falsifications judaïques, le symbole de Noé représentait clairement et il, représente encore suffisamment aujourd'hui l'Humanité terrestre, comme étant descendue de toutes les races d'animaux du globe.

Noé plantant la vigne représente l'Humanité arrivée à se servir complètement du règne végétal, après que ce deuxième règne de la Nature fut créé dans chacun de ses détails par les bouleversements plutoniens et les déluges; — à ce moment, les hommes commencèrent à se grouper en races et nationalités qui deviennent de moins en moins nomades, c'est-à-dire qui avaient intérêt à se fixer sur les sols qu'elles aménageaient pour la culture.

L'Humanité ayant dû connaître en dernier lieu la culture de la vigne parce que cette plante est celle qui donne les fruits les plus perfectionnés de la terre, Moïse a symbolisé cette date sous la figure de Noé et de ses trois fils, parce que cette date clos la conquête du règne végétal par l'homme; — Sem, Cham et Japhet représentent donc les trois spécialités des races humaines prêtes à se réunir et à vivre socialement ensemble à ce moment-là.

* *
*

En effet, l'Humanité sortie de l'ancêtre de l'homme sur la terre (*lequel sortait lui-même de toutes les races animales*) forma primitivement ses trois fils symboliques, c'est-à-dire trois races différentes, lesquelles étant arrivées à l'âge de puberté (*si je puis m'exprimer ainsi*), se réunirent et vécurent heureuses ensemble dans le cours de longs espaces de temps sur les sols où elles naquirent, en se réunissant et se fédérant dans un but d'union absolue.

L'union sociale que les trois races primitives parvinrent à former s'appela la période du Paradis terrestre, puis, leurs diverses contrées, *le Berceau de l'Humanité.*

Les trois races humaines qui ont formé la première union sociales aux Indes de l'extrême antiquité ont été symbolisées par Moïse sous les noms de Sem, Cham et Japhet.

Ces trois races commencèrent à se mélanger sur le continent indien pour protéger en commun leurs divers intérêts; —Moïse nous raconte ce fait en faisant dire par Jéhovah ou le grand Architecte au fils de Noé :

« *Quant à moi, voici, j'établis mon alliance avec vous, et avec votre postérité après vous.* »

(GENÈSE, chap. IX, verset 9.)

Mais le plus petit (dit la Genèse), c'est-à dire le plus jeune des peuples avait encore des mœurs qui offensaient la Nature; — cette infériorité le rendit logiquement le serviteur de ses deux frères aînés.

La race noire représentée par Cham fut effectivement regardée comme la race inférieure, elle consentit, à ce titre, à vivre sous la servitude des races blanche et jaune du Paradis terrestre.

Voici comment l'Humanité représentée par Noé s'exprime dans la Genèse mosaïque au sujet de l'organisation générale des trois premières races civilisées.

Pour Cham : « *Maudit soit Canaan, il sera serviteur des serviteurs de ses frères.* »

Pour Sem : « *Béni soit l'Éternel Dieu de Sem ; et que Canaan leur soit fait serviteur.* »

Pour Japhet : « *Que Dieu attire en douceur Japhet et qu'il le loge dans les tabernacles de Sem ; et que Canaan leur soit fait serviteur.* »

Instruction. — Je ne veux pas faire un mérite à Moïse d'avoir révélé cette organisation sociale à l'Humanité, car elle avait existé et était connue bien des milliers d'années avant lui ; — mais il faut lui être reconnaissant d'avoir employé des symboles élevés pour nous transmettre cette histoire, symboles qui n'ont pas été compris par les falsificateurs de ses écrits : — En effet, sans cette prévoyance de Moïse nous ne posséderions pas son témoignage sur les titres de noblesse sociale de nos ancêtres des Indes.

Sem.

Sem ou la race jaune était le grand peuple possesseur des fertiles vallées de l'Indoustan.

Japhet.

Japhet ou la race blanche des monts, plateaux et plaines de l'Hymalaya, ainsi que du nord des Indes, *fut logé dans les tabernacles de Sem* comme nous l'apprend Moïse ; — cela signifie que les habitants des montagnes qui sont partout plus industrieux et plus intelligents que ceux des vallées, furent les employés de l'administration des intérêts publics, ainsi que des conciliations et communions des trois races humaines qui venaient de former une union nationale.

Cham.

Puis arrive Cham ou la race nègre du midi de l'Asie, — laquelle consentit à vivre avec ses frères en servage ; — ce servage était très doux, mais la race nègre ne fut pas moins en servage pendant les longues périodes du Paradis terrestre, comme elle y a toujours été depuis.

*
* *

Les races jaune et blanche du Paradis terrestre se mélangèrent complètement et formèrent la grande race sémitique, qui émigra plus tard pendant bien des milliers d'années sur tout le reste du monde pour le civiliser ; — de pâr l'effet naturel du pigmentum (*qui est la partie colorante de la peau humaine*), les Sémites émigrant sous le nom d'Aryas passèrent avec les siècles du métis au blanc le plus parfait, suivant que leurs peuplades s'étaient fixées plus ou moins au nord des Indes de l'Asie ou de l'Europe.

La civilisation de tous les peuples d'Asie et d'Europe fut, en effet (*et comme le constate le plus grand nombre des indianistes dont j'ai consulté les ouvrages*), commencée par les Sémites-Aryas.

« *Et des enfants naquirent à Sem, père de tous les enfants d'Héber* (les Hébreux) *et frères de Japhet, qui était le plus grand.* »

(GENÈSE, chap. x, verset 21.)

Le qualificatif d'Aryas (*en sanscrit, prudents, excellents, vertueux*) fut primitivement donné aux membres de la race de

Japhet, qui devinrent employés des corporations des trois races unies, parce que la race de Japhet était, comme le dit Moïse, plus grande, c'est-à-dire plus intelligente que les autres ou plutôt plus avancée sur la chaîne d'union du grand Architecte de l'univers; — mais la race sémitique tout entière prit par la suite le nom d'Aryas, sauf les castes inférieures établies après la grande révolution servile dont il va être parlé.

..

Selon les théories de nos écoles modernes les Aryas seraient d'anciennes populations, qui s'établirent dans l'Inde après avoir soumis cette contrée par la force des armes; — cette opinion n'est pas plus exacte que celle consistant à voir dans les *prudents* (jurisconsultes romains) les conquérants de Rome : — s'il ne s'agissait que d'une conquête sociale, puis législative, cela serait exactement vrai pour la fin de l'époque védique; mais non point pour le commencement de l'époque patriarcale.

Voici la vérité :

Les Aryas ou peuple de Japhet ont vécu des milliers d'années en accord parfait avec la race jaune ou peuple de Sem, dans laquelle ils se sont absolument fondus par les mariages.

Cet accord fut symbolisé par Moïse, qui fait couvrir la nudité de Noé par Sem et Japhet réunis, lesquels agissent en cela dans le plus parfait accord.

3. C.

Les trois races du Paradis terrestre.

La balance sociale entre les intérêts producteurs des trois races primitives était tellement juste et les relations qui en

découlaient tellement bien harmonisées, que l'union patriarcale se serait éternisée, si la pléthore, — c'est-à-dire la trop
grande abondance de bien-être de toute sorte,—n'était venue
(*comme toujours*) produire un funeste relâchement dans les
mœurs.

Il faut reconnaître que la Nature avait doté les trois races
du Paradis terrestre des plus sérieux éléments de concorde.

1° La race jaune, la plus débonnaire et la plus poétique des
races qui existent encore aujourd'hui au monde, était précisément et de beaucoup la plus nombreuse et la plus riche.

2° La race japhétique, la plus intelligente des trois, a donc
trouvé un immense intérêt matériel dans son union avec les
Sémites d'origine.

3° La race noire ou de Cham venue de l'Asie méridionale
se mit joyeusement dans un servage qui améliorait sensible-
ment son sort moral et matériel : — La race noire rendait d'immenses services aux deux autres, en ce que ses membres
pouvaient travailler les champs en plein soleil du sud de l'Indoustan, ce que n'aurait pu faire aucun des enfants des deux
races supérieures.

Les accords d'intérêts étaient donc entiers au début de l'u-
nion des trois races, voilà pourquoi cette union s'est conservée
vivace pendant des périodes considérables de temps, — dans
le cours desquelles les arts et les sciences ont pris un développement dont nous n'aurions pas l'idée, si la langue samscrite
œuvre de ces périodes heureuses ne venait nous démontrer
par sa richesse et sa pureté, combien la civilisation était avancée chez les peuples du Paradis terrestre.

*
* *

Les époques brahmaniques et royales y compris celles des
Manous, qui a formé le trait d'union entre les derniers siècles

13

védiques et le long règne des brahmatmats, nous ont laissé des chef-d'œuvres de littérature en tous les genres ainsi que des démonstrations astronomiques et philosophiques que toute l'époque moderne n'a, non seulement pas dépassé, mais encore jamais égalé. — Malgré cela, la langue samscrite si riche s'est peu à peu corrompue, puis transformée et de transformation en transformation, les peuples de l'Inde sont arrivés à parler et écrire les idiomes les plus inférieurs.

Ceux qui savent comme je l'ai expliqué plus haut que, la richesse d'une langue est l'image la plus exacte de l'avancement scientifique d'un peuple, doivent avoir une haute idée du développement de toutes les supériorités sociales dont la société des peuples du Paradis terrestre était dotée.

4, D.

La décadence.

Par la solution de toutes les difficultés et de tous les différends civils, les pères de famille des trois races de l'époque védique dirigèrent les intérêts communs de tous le pays pendant des centaines de générations successives, en restant chacun dans le plan professionnel qu'il avait adopté; — ces attributions passèrent plus tard à des chefs délégués par eux.

Ces chefs se firent confier peu à peu les cérémonies du culte, puis les sacrifices, en un mot, la direction des repas comminatoires; — la réunion des sages et vieillards délégués s'appela conseil des Aryas, c'est-à-dire conseil des *prudents :* — La garde des traditions finit même par sortir des attributions des pères de famille ; — alors on commença à bâtir des temples pour la prière en commun, enfin les Aryas créèrent une secte spéciale, celle des Brachmanaa, qui fut chargée de régler les cérémonies, d'officier dans les temples et de prier Dieu pour tout le monde en dehors des tenues professionnelles. — De toutes ses fonctions sacerdotales, le chef de chaque famille ne conserva que la direction du culte des ancêtres et les cérémonies des funérailles.

Ce fut à peu près vers cette époque que la race inférieure, indignement exploitée par les gouvernants au lieu d'être toujours protégée paternellement, se révolta, finit par être vaincue et fut définitivement rejetée de la société indienne comme il va être expliqué ci-après.

Alors tout fut dit et de chute en chute, le plus sombre despotisme théocratique s'établit peu à peu comme une tache d'huile sur toutes les provinces indiennes.

5, E.

La première révolution servile dans l'Humanité.

Les intelligents Indianistes disent que :

« **Il est bien possible que les Parlahs de l'Inde soient les descendants d'un peuple vaincu, que les vainqueurs auront méprisé après l'avoir avili.** »

(*Dictionnaire universel.*)

Je pose en principe que :

Les pariahs sont bien réellement les descendants des révoltés de la race de Cham qui n'ont par rempli les engagements de leurs ancêtres, en transgressant, par l'insurrection, le précepte de la servitude convenue autrefois entre leur race et celles de Sem et Japhet.

« **En effet, le mot samscrit Pari-aya, désigne, selon Delatre, la transgression de certains préceptes, et aussi celui qui n'observe pas les préceptes, c'est-à-dire qui est hors des préceptes.** »

(*Dictionnaire universel au mot Parià.*)

Les préceptes d'union sociale pour la protection commun
des intérêts producteurs, que les trois races primitives de l'Hu
manité civilisée avaient convenus entre elles comme je vien
de le démontrer par l'explication des symboles mosaïques
furent donc transgressés par la race inférieure, facilemen
soulevée par les ambitieux et déclassés des deux races supé
rieures ; — cela a eu lieu ainsi parce que les nouveaux gou
vernants cléricaux opprimaient déjà depuis de longs siècles le
populations serviles.

Comme je viens de l'indiquer, presque tous les écrivains in
dianistes confondent la révolution servile qui a créé le paria
tisme dans l'Inde et par continuation dans le reste de l'Hu
manité, avec une conquête imaginaire de la race mongo
lique par de prétendus peuples Aryas, conquête qui se per
dans la nuit des temps et à laquelle on ne peut assigner aucun
époque, au dire de ces historiens.

On voit clairement que cette conquête a bien eu lieu, mai
point comme certains indianistes la décrivent. — Cette con
quête a eu lieu par et au profit des classes sociales dirigeantes
que les deux races supérieures avaient eu l'imprudence de s
donner sous l'influence de la mollesse, à laquelle la corrup
tion des mœurs les avaient peu à peu habituées.

En un mot, la conquête, militaire d'abord, puis législativ
de la race servile révoltée, eut lieu du même coup sur la mass
des populations des deux races supérieures de l'Inde, qui furen
asservies en même temps que les insurgés au moyen des im
pôts sur les propriétés et les produits du travail ainsi que pa
celui du sang, le tout, sous la direction d'une grande secte sa
cerdotale et civile formée par les chefs Aryas (*c'est-à-dire ano
blis par les votes populaires qui les avaient mis au pouvoir*) de toutes
les provinces indiennes.

Observations scientifiques.

En consultant les lois naturelles et en laissant de côté les traditions qui sont du reste très imparfaites sur l'origine des Pariahs de l'Inde, on observe partout et toujours que :

Chacune des transformations individuelles ou sociales est précédée d'une ou plusieurs maladies plus ou moins longues, puis, le moment de la mort d'un corps quelconque est presque toujours la suite d'une agonie dont la violence est proportionnelle à la vigueur du sujet qui se transforme.

Ceci s'applique parfaitement, en intelligence, à la tranformation devenue nécessaire pour les trois premières races civilisées, à la suite de la longue corruption des mœurs qui suivit peu à peu la période sociale bienheureuse que tous les historiens anciens nomment : **le Paradis terrestre.**

Je passe à l'intuition scientifique dont je donne ici un exemple remarquable.

Après une série d'études approfondies sur la construction et l'harmonie de notre système planétaire ; — le savant métaphysicien Fourier a dit résolument en indiquant une place dans l'hémisphère :

« Il doit y avoir là une planète complémentaire de notre système solaire. »

En effet, environ quinze années plus tard l'astronome Leverrier découvrait la planète qui porta quelque temps son nom, à la place même du ciel que Fourier avait désigné.

Comme chacun le sait, la planète découverte par Leverrier s'appelle Neptune aujourd'hui.

*
* *

Animé du même raisonnement harmonique que Fourier et bien avant d'en posséder les probabilités historiques évidentes, j'étais profondément convaincu qu'une révolution servile avait été la seule clôture définitive possible de la longue période patriarcale de l'Humanité primitive.

Voici, à l'appui de mon opinion, les enseignements que l'esprit général de l'histoire des peuples nous donne sur les révolutions sociales, qui ne sont autres que les maladies des générations humaines passant d'un âge à un autre :

1° Jamais une révolution servile n'a été victorieuse en fin de compte, — en un mot, dans les luttes du travail et des intérêts entre les peuples, la Nature donne toujours la victoire définitive à ses aînés.

2° Les révolutions serviles suivent toujours et en un temps proportionnel chacune des phases des civilisations qui tendent à chercher leurs développements en dehors de l'esprit de la famille; — ces révolutions sont toutes destinées à être vaincues comme il vient d'être dit, — soit par la force comme celle qui nous occupe en ce moment, soit par la trahison des chefs comme cela est arrivé à chacune de nos révolutions, depuis et y compris la grande Révolution sociale de 1789-91 et 98.

En plus et comme conséquence obligée :

Chacune des révolutions serviles a été l'aurore des plus sombres despotismes que l'histoire de l'Humanité puisse offrir à nos études; — les despotismes qui suivent les révolutions serviles atteignent toutes les classes sociales, parce que les sectes gouvernantes qui restent au sommet des sociétés s'appuient sur la victoire remportée sur les masses par les masses, pour imposer les conditions sociales qui conviennent le mieux à leurs intérêts privés.

Exemples :

A. *La longue révolte de la race de Cham*, dirigée par les déclassés des races supérieures, a fondé le brahmanisme théocratique qui a dominé et opprimé les trois races primitives pendant des milliers d'années.

B. *Les révolutions populaires de la Grèce antique contre les rois* ont été vaincues et anéanties en dernier lieu par le siège de la ville de Troie, qui était le dernier rempart de la race hellénique; — cette antique race a été symbolisée par Homère sous le nom et la forme féminine de **la Belle Hélène**; — les révolutions helléniques vaincues ont donné peu à peu naissance à l'ilotisme ainsi qu'à tous les despotismes athénien, macédonien, spartiate, etc., qui ont fini par amener la ruine et la conquête de chacun des petits peuples formant autrefois les immenses empires de Bacchus et d'Hercule, par les armées romaines (*la Perse, la Grèce et toute l'Asie Mineure*).

C. *La révolution servile dirigée par Spartacus* a été l'aurore de la servitude complète du peuple romain, dont les diverses phases qui se sont terminées par le césarisme sont trop connues pour qu'il soit besoin de les rappeler.

D. *La Jacquerie* a eu pour suite le despotisme civil des privilégiés de la société française, qui commença avec la Renaissance et se termina à la Révolution de la fin du dix-huitième siècle : — La Révolution de 1789 n'est que la suite de la Jacquerie, puisqu'en définitive elle n'a été utile qu'aux habitants des campagnes faisant partie de la petite bourgeoisie.

E. Enfin, *la révolution servile de la Commune de 1871* nous a donné le règne le plus despotique possible de l'argent, et cela, sous l'étiquette républicaine dont nous n'avons que le nom.

. .
. .

Chacun de ces faits historiques est le résultat d'une loi naturelle fatale comme le jour et la nuit et par conséquent brutale comme une addition de chiffres.

J'ai résumé ainsi la loi naturelle qui fait toujours vaincre les basses classes des sociétés par celles plus élevées :

Le progrès pas plus que la lumière ne peut venir d'en bas.

Le progrès social n'arrivera donc sur la terre que lorsque les riches, les sages et les intelligents de toutes les classes auront compris que : — le règne des collectivités les rendra plus riches matériellement qu'ils ne le sont déjà, tout en leur donnant la quiétude et la sûreté absolue de l'avenir, ainsi que chacune des joies et satisfactions qui accompagneront forcément des existences aussi bien protégées que le seront les leurs à ce moment-là.

Mes ouvrages n'ont que le but d'éclairer les sages, les riches et les intelligents.

6, I.

Causes de la première et plus considérable de toutes les révolutions de l'Inde.

Un homme qui conforme sa vie aux prescriptions de la morale traite généralement bien ses serviteurs et se fait aimer d'eux, — de là le proverbe : **tel maître, tel serviteur;** — aussitôt que le désordre se met dans la vie d'un maître de maison tout le monde de son intérieur s'en ressent, — alors le désordre et l'insubordination ne tardent pas à corrompre peu à peu le personnel d'un maitre de maison dont les mœurs sont devenues licencieuses.

Ces conditions générales des relations sociales découlant de la loi de Nature se sont exactement produites au sein des trois races : blanches, jaunes et noires, qui ont si longtemps vécu heureuses et prospères dans les Indes de l'extrême antiquité, — grâce à leur union et à leurs honnêtes relations de travail, d'intérêt et de famille dont elles avaient établi les **préceptes** dans une **alliance générale**.

*
* *

Aussitôt que la licence des mœurs eut souillé la plupart des relations de famille des trois premières races civilisées de la terre, — les barrières honnêtes se rompirent par la force même des choses, — puis, le respect des races supérieures s'effaça peu à peu du cœur des serviteurs lorsque ces derniers virent leurs femmes, leurs filles et leurs sœurs être les compagnes de plaisirs des débauchés des races supérieures.

La licence générale amena naturellement des répressions officielles et des vengeances particulières, — les répressions donnant naissance aux haines et aux discordes, il fallut nécessairement des intermédiaires pour amortir tous ces froissements qui ne pouvaient plus se concilier par les pères de famille, puisque les pères de famille étaient les coupables, alliés des coupables, ou intéressés par esprit de race à donner raison aux coupables.

Ce fut vers le moment où les luttes de relations devinrent plus intenses entre les races primitives que, — les classes supérieures donnèrent peu à peu le pouvoir sacerdotal aux hommes qui paraissaient les plus sages d'entre eux; — ces hommes sages et prudents prirent naturellement le palla-

dium de la divinité pour ramener à la raison et aux bonnes
mœurs les citoyens des trois races, qui les prenaient pour intermédiaires dans leurs discussions.

La divinité des peuplades indoues étant Brahma, les intermédiaires des trois races prirent donc peu à peu le nom de
brahmanes, puisque c'était par l'autorité du père spirituel
dont ils s'étaient faits les serviteurs ou les clercs, qu'ils étaient
parvenus à calmer un peu les tempêtes qui se préparaient
entre les relations sociales des races primitives.

C'est alors que les clercs de Brahma, c'est-à-dire du peuple,
commencèrent à jouer le rôle du troisième larron contre les
intérêts d'avenir des malheureuses populations des Indes de
l'extrême antiquité.

***

Qui dit sectaires dit conspirateurs ; — il me parait donc logique que les premiers clercs de Brahma aient été les instigateurs de la première Révolution servile, de même que les encyclopédistes du dix-huitième siècle furent les instigateurs de la
Révolution de 1791, qui devait anéantir le dernier rempart du
collectivisme dans la personne des corps d'arts et métiers de
la nationalité française.

Comme chacune des révolutions populaires, la révolution
servile de la fin de l'époque védique eut des chefs, — ces chefs
furent naturellement les déclassés des races supérieures, qui
s'étaient ruinés ou dévoyés c'est-à-dire avilis et corrompus
par les débauches.

Cette situation constitua dans les Indes antiques, les deux
grands partis politiques que l'on retrouve dans toutes nations
et à chacune des périodes de l'histoire des peuples :

Conservateurs et Démocrates.

Les conservateurs des deux races supérieures des Indes de

l'extrême antiquité eurent très probablement le dessous au
début de la révolution servile de la fin de l'époque patriarcale
et peut-être pendant de longues années; — mais ils arrivèrent
comme toujours et peu à peu à reprendre l'ascendant social
par suite de leur possession des villes et de leur union, que
le danger leur imposait.

.

L'immense réaction produite plus tard par la victoire définitive des conservateurs et par leur retour aux pouvoirs civils
fut longue et terrible, nous en avons pour preuve les cinquante
à soixante millions d'hommes de la race vaincue, qui furent
mis hors la loi et repoussés dans les forêts et dans les jungles où
ils ont pris peu à peu le nom de parias, mot qui signifie comme
je l'ai expliqué plus haut, **hommes qui ont transgressé les
préceptes sociaux;** — puis encore, celui de tchandalas, qui
signifie déclassé, décasté, déracé, — enfin, rejeté de la
société.

L'on n'a aucune trace écrite des parias ou tchandalas avant
Manou l'Ancien.

.

Manou l'ancien a-t-il été le chef militaire qui fut définitivement victorieux de la race servile révoltée, ou fut-il simplement le fils de ce chef suprême ou bien son neveu ou seulement
son successeur? — c'est ce dont je n'ai pu retrouver aucun
indice nulle part.

Le très long règne de Manou l'Ancien indique néanmoins
et très clairement qu'il est arrivé fort jeune au pouvoir dicta-
torial.

D'un autre côté :

La révolte de tant de millions d'hommes, habitant pour la plupart les campagnes et les bois dans lesquels ils travaillaient pour le compte des possesseurs du sol de cet immense pays, a dû se prolonger pendant bien longtemps ; — beaucoup de cessations et reprises d'hostilités, puis, de tentatives d'arrangements ont certainement eu lieu, — car, le brisement des relations de travail et d'intérêts que cette formidable insurrection primitive a occasionné dans toutes les parties de la société formée par l'alliance des trois races, a dû être fort long et très douloureux.

Instruction. — Beaucoup d'historiens nient la possibilité de la grande conquête des races serviles par les races supérieures de l'Inde primitive, en disant entre autre que :

« Si pour un instant on admettait cette conquête, l'opinion
« que nous repoussons ne serait point par cela justifiée,
« car il est impossible de croire que le vainqueur, au lieu de
« réduire simplement le vaincu en esclavage, de lui faire cul-
« tiver la terre, garder les bestiaux, aurait préféré immobili-
« ser les forces de plusieurs millions d'hommes en les mettant
« hors la loi, comme plus impurs que les animaux immondes,
« en leur interdisant la terre, le soleil, l'eau, le riz et le feu.
« — De pareilles mesures eussent poussé le vaincus au déses-
« poir et à des luttes sans cesse renaissantes, sans profit pour
« le conquérant. »

Ceci n'est pas sérieux ; — en effet, les luttes du désespoir des races serviles de l'Inde primitive ont toutes été épuisées et rendues inutiles par les victoires des races supérieures ; — puis, la décision de laisser les millions de révoltés où ils étaient, c'est-à-dire dans les campagnes et dans les bois, est venue tout naturellement aux vainqueurs à la suite des divi-

sions qui ont absolument ôté toutes les forces insurrection-
nelles des populations insurgées de la famille de Chanaan.

*
* *

A la suite de la grande insurrection de la race servile et en
l'absence du contrat social qui avait uni les trois races primitives, aucun arrangement n'était possible, — car la race
noire aurait représenté l'armée de la révolte de toutes les
castes qui auraient voulu conquérir le pouvoir, si Manou l'Ancien ou son prédécesseur inconnu n'avaient pas pris le parti de
la laisser se corrompre elle-même comme de l'eau stagnante,
en l'isolant de plus en plus des droits et bienfaits de l'Humanité par des ordonnances successives toutes plus barbares les
unes que les autres, au milieu desquelles il n'y a que le choix.

En un mot :

Mis de partout hors la loi et errants dans les forêts et les
jungles ; — les descendants des malheureux vaincus de la
grande Révolution servile s'adonnèrent peu à peu aux vices
les plus bas ; — alors, ils furent rejetés de l'Humanité par l'un
des Manous au moyen de ces paroles mémorables.

**Manou a dit : « Les tchandalas naissent de l'adultère,
de l'inceste et du crime, ils ne peuvent avoir pour vêtements que les habits des morts, pour plats que des pots
brisés, pour parure du fer, pour culte celui des mauvais
génies, et qu'ils vaguent sans cesse d'un lieu à un autre. »**
(Extrait de l'*Édit de l'Advana-Sastra*).

Pour décréter de pareilles lois il faut régner sur de bien
grands pays, compter sur une antipathie bien profonde entre
les races de ce même pays, et manquer absolument d'en-
trailles, — à moins que les derniers actes de rébellion de la
race vaincue n'aient été d'une nature telle, qu'il ait paru

utile d'en empêcher ou en atténuer le retour par des répressions et manifestations énergiques; néanmoins et même dans ce dernier cas, on ne comprend pas encore pourquoi les successeurs des Manous rappellent ces paroles terribles bien des milliers d'années après qu'elles furent prononcées, alors que la caste des rejetés était absolument anéantie, en un mot, bien longtemps après que la race pariah ne puisse plus donner aucune espèce d'inquiétude aux castes gouvernantes.

Non, ces paroles étaient rappelées constamment pour terroriser les populations, indignement exploitées et abruties par les sectes sacerdotales au pouvoir.

* *

Du reste, la division des races primitives en castes sous la direction d'une caste qui était privilégiée au-dessus de tous les rêves les plus despotiques, devait naturellement produire beaucoup de luttes, compétitions et révolutions sociales; — dans cette prévision bien naturelle, la facilité de décaster les criminels et ennemis de la nouvelles société brahmanique en les envoyant vivre en parias, était trop tentante pour qu'elle ne fût pas saisie avec empressement par les premiers despotes de l'Inde.

A la suite de la grande révolution servile de la fin des époques védiques, la société brahmanique devint donc une fabrique immense et officielle de parias.

Ce fait historique indéniable a fait dire à un de nos plus intelligents indianistes :

« Le pariah est né du droit pénal imposé par les Brahmes
« à leurs sujets, après l'établissement des castes (1).
« Tout crime contre la domination politique et religieuse

(1) L'établissement des castes dans les Indes antiques a eu lieu immédiatement à la suite de la grande et première révolution sociale (voir les lois de Manou).

« des prêtres fut frappé de mort civile, le malheureux atteint
« de cette terrible punition n'avait plus ni père, ni mère, ni
« femme, ni enfants, ni patrimoine, ni caste ; on pouvait le
« tuer sans crime, comme un fauve ; — quiconque lui prêtait
« assistance, le recevait sous son toit ou lui donnait à manger,
« tombait immédiatement dans la même situation que lui, et
« il ne lui restait d'autre ressource que de s'enfuir dans les
« forêts, sans espoir de réhabilitation. »

*
* *

Ces diverses considérations et citations nous démontrent
historiquement que, Manou l'Ancien est bien arrivé au pouvoir
suprême à la fin du siècle dans le cours duquel a eu lieu la
séparation violente des races primitives ; — Manou l'Ancien
paraît avoir eu la mission de réglementer les nouvelles conditions sociales dans lesquelles cette victoire mettait les deux
races des vainqueurs.

Il est impossible de penser que c'est en conciliateur que
Manou l'Ancien a été chargé de la mission indiquée ci-dessus :

Primo : parce que l'esprit de toutes ses lois indique le contraire ; ensuite, parce que la race vaincue tant de fois décimée
par les émigrations (1) depuis environ vingt-cinq mille ans,
est encore dans la même situation comme nombre et destinée,
grâce à son renouvellement continuel et périodique par les
rejetés de tous les gouvernements sacerdotaux et civils qui se
sont succédé dans les Indes depuis ces époques reculées.

---

(1) Toutes les peuplades de la race caffre : les Hébreux, les Abyssins, les
Lybiens, les habitants du pays de Chanaan, etc., etc., sont des peuples for-
més par les émigrations des Parias de l'Inde ; on a cent preuves de ces faits, et
entre autres celui-ci : — presque tous ces peuples pratiquent la circoncision,
qui a été imposée exclusivement aux Parias par les rois de l'Inde, à cause des
maladies aux parties sexuelles que la malpropreté et la mauvaise nourriture des
Parias des deux sexes engendraient.

G

La longue Révolution sacerdotale brahmanique.

D'employés des pères de famille du peuple des trois races primitives, les élus des populations devinrent nobles, c'est-à-dire Aryas; — les Aryas devinrent peu à peu les prêtres, puis les Brahmanes, puis les propriétaires spirituels de tout le pays de par les lois de Manou l'Ancien, enfin les propriétaires de tout le sol, grâce à la grande révolution religieuse qu'ils accomplirent environ douze mille ans avant notre ère, sous le brahmatma de **Vasitcha-Richi.**

Alors, les Védas et même le code déjà falsifié de Manou l'Ancien furent recueillis et recodifiés dans le nouvel esprit brahmanique; — ces nouveaux codes furent donnés comme étant révélés par Brahma lui-même, reconnu à cet effet comme **Dieu-individu universel** et la peine de mort fut édictée contre quiconque oserait douter de cette vérité.

La grande révolution religieuse brahmanique représente donc comme on le constate ici, la période de l'inquisition des religions modernes.

Par cette révolution, le culte du Dieu unique fut défendu aux autres castes que celle des Brahmanes.

C'est de cette époque que date le commencement des persécutions de la Maçonnerie, qui fut obligée dès ce moment de cacher ses tenues dans les forêts, les cavernes et les souterrains.

*
* *

Avant la grande révolution religieuse des Brahmanes, le triangle maçonnique avec l'œil du grand Architecte au milieu était l'emblème populaire des Védas dont tout le monde pouvait se parer ; — mais à partir de ce moment, les Aryas brahmanes conservèrent pour eux seuls le triangle maçonnique, et chaque Indou dut porter tatouée sur le front la marque de sa caste.

Voici ces marques dont je donne ensuite le sens symbolique :

Caste Brahme-Aryas. . . . .

Caste des Aryas-Xchatrias, c'est-à-dire les chefs . . . .

Caste des Vaysias, c'est-à-dire des marchands ou cultivateurs. . . . .

Caste des Soudras, c'est-à-dire des bas artisans et des serviteurs . . . .

Le triangle maçonnique tatoué sur le front des prêtres indiquait qu'ils représentaient exclusivement les droits CYCLO-PÉENS du grand Architecte de l'univers sur la terre.

Les deux côtés du triangle des Aryas-chefs démontraient qu'ils tenaient leur autorité des Brahmes.

La barre transversale indiquait que les marchands et cultivateurs étaient soumis aux prêtres et aux autres nobles (1).

Enfin, la perpendiculaire trois fois barrée des Soudras, témoigne l'infériorité absolue des prolétaires dans les sociétés de l'individualisme.

(1) Le mot français *art-stocratie* vient du mot samscrit *arya*, qui veut dire noble; il en est de même en anglais, en allemand, en italien, en espagnol, avec une variation dans la terminaison.

14

Le peuple indou était ainsi divisé en castes ou classes de la société, puis, chaque homme était marqué comme un animal afin qu'il ne pût jamais changer sa position sociale.

Comme on le constate pour ce qui précède :

Ce ne sont pas les hommes qui sont mauvais, ce sont les institutions ; — ce sont les faux droits institués par les hommes pour leurs intérêts du moment ; — faux droits avec lesquels ils remplacent les droits de la Nature qui sont éternels.

Les faux droits institués dans les lois humaines corrompent les classes sociales par l'intérêt privé de quelques-uns auquel il est donné une fausse direction ; — mais les revendications contraires se produisent plus tard et voilà la bataille générale des intérêts établie, laquelle ôte complètement la paix aux populations laborieuses.

La paix des relations sociales ne peut être rendue à l'homme que par le règne des collectivités, qui est bien réellement le Paradis terrestre ; — en effet, dans ce règne bienfaisant, l'obéissance aux lois de la Nature se fait simplement, par la force même du droit naturel des pères de famille, groupés professionnellement et fédérés ensuite dans tout un pays.

H.

Ce que dit l'histoire de Manou l'Ancien.

Je reviens à Manou, parce que c'est lui qui est l'organisateur théocratique et la cause première de tous les multiples despotismes, au moyen desquels le peuple indou a été brisé, dispersé, abruti et redevenu presque à l'état sauvage, grâce à la domination des sectes sacerdotales, rendues puissantes par Manou et ses successeurs du même nom.

Je donne ci-dessous plusieurs documents historiques que

j'extrais d'ouvrages sur l'histoire de l'Inde, avec quelques explications dont je crois devoir les accompagner :

« *Manou, nom donné dans l'Inde à plusieurs personnages fabuleux, tradition la plus ancienne de celles relatives au déluge, tradition qui s'est le mieux maintenue chez les peuples aryens.* »

(*Dictionnaire universel*).

Explication. — Ainsi qu'il vient d'être dit, les rois de l'Inde qui ont pris le nom de Manou à la suite du législateur théocratique de ce grand pays, ne l'ont fait que pour se couvrir de la puissance qui entourait ce nom et pour indiquer qu'ils entendaient se baser sur les mêmes doctrines théocratiques pour gouverner les populations.

* *

La tradition sociale libellée par Manou l'Ancien est celle qui s'est le mieux maintenue dans la caste aryenne, parce que c'est la meilleure de toutes les doctrines despotiques qui aient paru sur la terre, avant, bien entendu, qu'elle n'ait été corrompue par les dogmes *du grand mâle et du Dieu-individu qui crée les hommes avec chacune des parties de son corps, puis par la métempsycose ;* — dogmes monstrueux qui ont servi de base à tous les despotismes, mais que Manou l'Ancien n'a pu imaginer, car il s'est trompé honnêtement.

« **Manou ou Manu**, *rénovateur de la race humaine détruite* (1), *était d'origine divine ; son nom veut dire l'être intelligent, l'homme par excellence, le penseur, de la racine samscrite,* **man,** *penser.* »

(*Dictionnaire universel*, au mot **Manou**).

_____

(1) La destruction dont il est question ici est celle de l'Union sociale des trois races primitives, anéantie par la grande révolution servile dont il vient d'être question.

Explication. — Malgré les nuages qui enveloppent encore l'époque védique, il paraît certain qu'entre la perte du Paradis terrestre qui est arrivée peu à peu et le règne théocratique de Manou le Législateur, il a dû se passer une assez longue période de désordres de toutes sortes auxquels Manou est venu mettre fin par l'organisation permanente des chefs aryas (Xchatrias), qui avaient vaincu la révolution servile, puis au moyen du régime sacerdotal des aryas brahmanes, qui avaient aidés les chefs aryas à vaincre.

On fit passer Manou l'Ancien pour Dieu, afin d'imposer plus solidement les lois à la fois religieuses et civiles qui portent son nom, mais qui sont loin d'être toutes de lui.

*
* *

« **Le Rig-Véda** (code corrupteur de l'esprit des Védas primitifs) *parle plus d'une fois de Manou le Législateur comme étant le père des hommes.* »   (*Dictionnaire universel*).

Explication. — Ceci n'a rien de surprenant, car le sort de la plupart des souverains législateurs consiste à être nommés le père de leur peuple. Exemple : Abraham passe faussement pour être l'ancêtre matériel de tous les Juifs ; — de nos jours, Napoléon Iᵉʳ était appelé le Père la Violette, et, en 1815, les partisans de Louis XVIII qui réclamaient la deuxième rentrée de ce roi ont fait une chanson aux alliés vainqueurs, cette chanson avait pour refrain : « *Rendez-nous notre Père de Gand;* » — Henri IV a été appelé également le Père du peuple, ainsi que le tyran Octave-Auguste, etc., etc.

Il est donc bien naturel que Manou, venant donner des lois à un grand peuple après une longue période de désordres, soit appelé le Père des hommes et l'Ordonnateur de la société humaine (*nom que lui donne Pictet*), puisque l'esprit de ses lois ont dirigé bien des milliers d'années les peuplades indiennes, ses lois ont même servi de modèle à toutes les lois despotiques de la théocratie antique et moderne.

Comme le disent les savants indianistes Roth et Kuhn, Manou est le même homme que *Yama*, appelé *Djemsid* par les Persans, *Minos*, le législateur grec, *Mynias*, roi et père (*toujours le père*) d'une peuplade grecque de l'époque collective, etc., etc.

I. J. K.

Lois de Manou.

« *Les lois dont le recueil porte le nom de Manou passent pour avoir été dictées par le premier Manou, le premier né des êtres et des* **maharchis** *ou grand* **rishio**, *ce qui donne au Manava-Dhmara-Sastra, titre samscrit des lois de Manou, une antiquité plus que respectable.* »

Cette définition, empruntée au *Dictionnaire universel*, nous démontre que Manou est bien le premier fondateur des monarchies et des rois qui aient régné sur terre; puisque le *Manava-Dharma-Sastra* représente le seul recueil contenant les lois du vieux Manou et des Manous ses successeurs.

L'idée prédominante et persistante de Manou a été de fonder une secte sacerdotale puissante et instruite pour régner sur le peuple d'esclaves qu'il a organisé avec les populations védiques divisées entre elles depuis la corruption de leurs mœurs, qui fut suivie de la grande révolution servile.

« *Dans le* **Manava-Dharma-Sastra**, *l'autorité du brahmane est exaltée au delà de toutes les bornes. Au brahmane appartiennent l'accomplissement du sacrifice, la direction du sacrifice et le droit de* *donner et de recevoir. Instruit ou ignorant, le brahmane est une divinité puissante.* » (*Dictionnaire universel*).

Instruction. — Le sacrifice, qui était représenté à l'époque du Paradis terrestre par les repas en commun des familles professionnelles, fut même mis sous les ordres des prêtres par le législateur Manou.

Voici comment Manou l'Ancien ou l'un de ses successeurs s'exprime pour établir un pouvoir sans bornes à la secte brahmanique, c'est-à-dire à la première secte civile et sacerdotale qui ait existé sur la terre.

« *L'univers est au pouvoir des dieux ; — les dieux sont au pouvoir des mantras (prières), les mantras sont au pouvoir des brahmanes.* »

Est-ce assez audacieusement adroit ?

Les Manous ont usé et même abusé de tous les genres d'adresse ; — deux peuplades des Indes (les *Vaïdehas* et les *Litchavis* ou *Nittchivis*) avaient conservé la justice par les pairs et les traditions des lois naturelles telle qu'elle se rendait aux époques du Paradis terrestre (1). — Alors, l'un des Manous inscrit dans la loi que les hommes de ces peuplades sont impurs et prépare ainsi leur décadence et le partage de leurs territoires.

*
* *

L'un des Manous a établi le monstrueux dogme de la métempsycose, qui a été reproduit par lui d'après les traditions populaires des basses classes du peuple indou.

_____

(1) M. Veber rapporte le témoignage de Mégasthène, qui voyageait dans l'Inde environ trois siècles avant notre ère, et qui rapporte avoir vu des Indous rendre encore la justice de mémoire, c'est-à-dire sans code écrit.

On voit que pour effacer les véritables traditions védiques, les Manous ont fait flèche de tout bois.

Les écrits qui nous restent de Manou démontrent jusqu'à l'évidence qu'il connaissait l'esprit universel feu et eau, que la Maçonnerie appelle le grand Architecte de l'univers ; — le dogme de la métempsycose paraît donc avoir été établi afin de pervertir par la superstition l'esprit de ceux que l'on voulait jeter comme des cadavres sans volonté sous la domination des trois classes de brahmanes.

*
* *

Manou a été, par le fait, le législateur du prolétariat et du prolétaire, qu'il a appelé LE SOUDRA, c'est-à-dire le serviteur de tous les autres hommes.

Afin de bien séparer les classes de la société qu'il fondait par la diversité de la fortune, des habitudes et par la division des intérêts, — Manou l'Ancien a écrit un nombre immense d'ordonnances sur la vie domestique et civile.

Voici ce que j'extrais sur ce sujet dans le *Dictionnaire universel* au mot Manou.

« *Nous ne jetterons qu'un rapide coup d'œil sur le Manava-dharma-sastra. — Les livres bibliques auxquels on reproche tant de profusion dans leurs recommandations rituelles, n'approchent point en ceci du code Indou. Dans ce code, chaque action de l'homme est soumise à une formalité, excepté la vie du* SOUDRA *(prolétaire) qui ne vaut pas la peine que le législateur s'en occupe. On y trouve délimités avec une minutie étrange les privilèges, les droits, les devoirs et jusqu'aux vêtements de chaque caste.*

Comme on le voit, Manou est également l'inventeur des uniformes, qui ont créé l'esprit des corps constitués et ont séparé moralement leurs membres du reste de la Nation.

Constatons encore ici que, Manou l'Ancien doit être reconnu pour l'invention des privilèges de castes qui n'existaient pas plus avant lui que les castes elles-mêmes.

.·.

Les peuples du Paradis terrestre considéraient la femme comme *l'âme de l'humanité*, les successeurs de Manou, au contraire, la considèrent dans leurs lois comme la *perdition de l'homme*, ils n'ont qu'une tolérance de respect pour la mère de famille parce qu'elle reproduit l'espèce, mais, s'ils avaient trouvé un autre moyen pour remplir cet office, on voit clairement qu'ils se seraient hâtés de ranger la femme en général au rang du *soudra* ou prolétaire.

Manou autorise la polygamie dans ses lois, mais il faut ajouter qu'il y a été un peu obligé par la corruption des mœurs de la fin de l'époque védique, corruption déjà fort grande et qui avait encore pris de plus grandes proportions dans le cours de la révolution servile.

Quelle différence avec les sublimes lois naturelles de l'époque du Paradis terrestre, de par lesquelles la mort même ne séparait pas deux époux bien unis, dont l'un attendait l'autre pour aller s'absorber ensemble dans le sein de leurs Brahmas mâle et femelle, qui n'en forme qu'un seul par la fidélité des époux.

« *Le code de Manou n'admet point ce que nous appelons la séduction :* « *L'homme qui jouit d'une jeune fille parce qu'elle y* « *consent, et s'il est de même caste qu'elle, ne mérite pas de châti-* « *timent.* » *dit Manou.* »

(*Dictionnaire universel*).

Mais si les successeurs de Manou admettent le désordre dans les mœurs afin que les sectes sacerdotales puissent régner sur des corps d'esclaves, ils réglementent avec le soin le plus scrupuleux l'hygiène de la vie et de la nourriture des Brahmanes, afin qu'une santé parfaite leur permette de jouir de toutes les richesses du sol et du travail du peuple indien.

« *La nourriture est sévèrement réglée par les Brahmanes dans les lois de Manou.* »   (*Dictionnaire universel.*)

Mais, si Manou s'inquiète de la santé de l'armée de ses Brahmanes, il rive à chaque chapitre les chaînes de la servitude qu'il a imposée à la caste des soudrâs (*prolétaires*) :

« *Mais le souverain Maître n'assigna au soudra qu'un seul office, celui de servir les autres classes de la société sans déprécier leur mérite.* » (Cela signifie, le mérite des dites classes de la société.)

∴

Le chef-d'œuvre du despotisme des lois de Manou est évidemment le **Dieu-individu**, qu'il a posé en dogme religieux sous le nom de Brahma, au lieu et place du père de la Trimourti védique, qui était la branche et le père créateur spirituel de chacun des humains.

« *Pour la propagation de l'espèce humaine, de sa tête, de son bras, de sa cuisse et de son pied, Brahma produisit le Brahmane, le Kshattriya* (le guerrier), *le vaicya,* (le commerçant, cultivateur ou industriel), *et le soudra* (c'est-à-dire le serviteur, l'ouvrier, enfin le prolétaire). » (Livre Ier, scolas 30.)

Mais ce qu'il y a d'adroitement perfide dans cette transformation du Dieu le père en Dieu-individu s'amusant à créer toute espèce de monde avec chacune des parties de son corps, c'est que, du même coup, le despote législateur établit la différence des droits entre les diverses classes de la société et anéantit ainsi l'égalité des hommes devant la Nature.

***

Il y a lieu de faire ici une observation capitale.

Il y a eu considérablement de souverains et législateurs de l'Inde qui se sont appelés ou fait appeler Manou; — comme on prête facilement aux riches, il me paraît certain que la plupart des faits répréhensibles attribués à Manou l'Ancien sont l'œuvre des autres Manous.

Cette réflexion m'est venue bien souvent à l'esprit à cause de la sublime morale qui forme à peu près les deux tiers des œuvres qui nous restent de Manou l'Ancien, — laquelle morale jure horriblement à côté des faits et actes de despotisme qui forment à peu près le dernier tiers des actes officiels attribués au premier souverain-législateur des Indes de la décadence.

Il est donc probable que les parties odieuses du *Manava-Dharma-Sastra* ne sont pas l'œuvre de Manou l'Ancien.

Plusieurs Manous, en effet, se sont succédé au pouvoir à la suite du premier avant la longue période des Brahmatmats, mais l'on ne possède rien de ce qu'ils ont dit, écrit et décrété.

Les Manous qui ont immédiatement suivis le premier, n'ont évidemment pas pu être des personnages nuls et muets.

L.

Un abus clérical.

Arrivés au pouvoir absolu, les Brahmanes créèrent le culte de l'âme humaine et de son immortalité.

Le culte de l'âme humaine représente une manifestation exclusivement matérialiste, mais surtout individualiste.

Le culte de l'âme humaine est absolument inconnu dans les traditions qui nous restent des époques patriarcales de l'Inde antique, ainsi que dans les anciens symboles de la Maçonnerie.

Le mot âme était employé comme indication générale des lois naturelles aux époques bienheureuses, mais jamais individuellement comme aux époques du despotisme clérical.

Exemples :

On sait que les Védas de l'époque patriarcale désignent la femme comme l'âme de l'Humanité. — Le règne du grand Architecte de l'univers comme l'âme des relations fraternelles entre les hommes. — Le soleil comme l'âme du monde, puisque tout vit par le feu, dont l'étoile flamboyante de la Maçonnerie (*qui est le soleil*) est l'emblème.

Mais, jamais le mot âme n'a été employé pour désigner la partie immortelle de l'homme, ni aux époques patriarcales, ni dans la Maçonnerie.

Nous avons chacun un esprit créant éternellement nos corps à son image : — Rien de plus, rien de moins.

Par le moyen du grand maître le temps, mais surtout par sa conduite, l'homme modifie en bien ou en mal l'état présent de son esprit, ce qui fait varier d'autant la qualité de ses destinées futures : — Rien de plus, rien de moins.

Quant à l'espèce de feu-follet individuel appelé l'*âme* par les matérialistes ou les esprits enfants, cela est inconnu dans la nature.

M.

Il faut que des scandales arrivent.

Depuis le plus grand fait historique du monde, qui est la corruption sociale des époques patriarcales par les sectes sacerdotales brahmaniques, jusqu'au plus petit mouvement moral ou matériel de l'une des plus humbles existences humaines, tout fait partie du plan général du grand Architecte de l'univers, qui a la construction du bien pour but.

Le plus grand résultat d'intérêt général qui soit ressorti du long règne de l'individualisme pur que les Brahmes ont imposé aux populations indiennes, est représenté par les immenses et nombreuses émigrations qui sont parties de l'Inde, pour fuir le révoltant despotisme civil et religieux des sectes sacerdotales, ces émigrations sont allées couvrir peu à peu toute la surface du monde connu, en y apportant les sérieux éléments de civilisation dans tous les genres dont l'Inde avait hérité de sa longue période patriarcale, — dans le cours de laquelle toutes les variétés d'instruction, de travail et de relations avaient été organisées sous l'égide du principe de la famille avec sa fédération, principe qui est le seul approuvé par les lois naturelles.

Ces colossales émigrations ont eu lieu pour la plupart à la suite de sanglantes révoltes et révolutions de millions d'hommes, contre les millions d'hommes payés pour soutenir le joug de fer du brahmanisme.

∴

Voici les plus importantes émigrations indoues :
1º Première émigration des Eusques et des Celtes en Eu-

rope, arrivée en plusieurs fois à des dates inconnues, mais que l'on retrouvera exactement sur les manuscrits des vieilles pagodes du sud de l'Inde et de l'île de Ceylan.

2° Emigration de Manès (*chef indien*) en Egypte à la tête de plusieurs armées de mécontents, Manès et ses compagnons colonisèrent l'Egypte environ 7,000 ans avant notre ère et y apportèrent tous les symboles de l'antique civilisation indienne.

3° Première révolte des montagnards de l'Hymalaya, environ 8,000 ans avant notre ère; le général brahme Paraçourama les fait rentrer dans le devoir en leur accordant des franchises.

4° Deuxième révolte des montagnards de l'Hymalaya et invasion des plaines de l'Indoustan par toutes les populations des plateaux, sous la conduite du chef Iodah et de son frère Skandah. — Ils détruisent la capitale des Brahmes, qui s'appelait Asgartha, la ville du soleil : — Les Brahmes, surpris, réunissent leurs armées et remportent sur les montagnards la sanglante victoire où Agustya commandait l'armée brahmanique. — Iodah et Skandah partent dit-on avec les 25 à 30 millions d'hommes, femmes et enfants composant tous les habitants de l'Hymalaya, ses plateaux et vallées, ils vont coloniser le nord de l'Europe et fondent la Slavie et la Scandinavie, environ 5,000 ans avant notre ère.

Skandah a donné son nom à la Scandinavie et *Iodah* est le vieux roi scandinave que l'on vénère encore dans le nord de l'Europe sous le nom de, **Odin**.

5° Révolte d'Hara-Kala (l'hercule des Grecs), qui secoue le joug brahmanique et va coloniser la Perse, l'Asie Mineure et la Grèce, à la tête d'une armée de Brahmes et d'Indous mécontents dont il était le chef, de nombreuses populations l'ont suivies ensuite.

6° Colonisation de la Chine, du Japon et de toutes les îles

océaniennes, par Boudha et ses successeurs 4,620 à 4,500 avant notre ère.

7° Colonisation des vallées de l'Ariane et de la Bactriane antique environ 3,500 ans avant notre ère, par Zoroastre chef Aryas, qui établit le culte du soleil, c'est-à-dire du travail, mais avec les castes qui firent périr l'œuvre sociale de Zoroastre par le magisme.

Toutes ces dates sont constatées par des zodiaques astronomiques gravés dans les pagodes de l'Inde; — ces zodiaques ont de tous temps été visibles aux yeux des voyageurs curieux et intelligents.

N.

Comment les traditions patriarcales de l'Inde antique sont arrivées jusqu'à nous.

Après avoir étudié tous les documents possibles relatifs aux Indes du Paradis terrestre et à leur décadence, puis, après avoir cherché la vérité jusque entre les lignes des pages de ceux des historiens individualistes, qui ont cru (les malheureux!) avoir un intérêt de secte à voiler les faits historiques; — l'homme érudit se demande quelquefois avec étonnement, comment les purs principes de la société collective des époques patriarcales ont bien pu arriver jusqu'à nous; — puisque, en somme, la véritable période védique est considérée par toutes les sectes scientifiques comme étant antéhistorique?

Voici l'explication matérielle de ce fait, ou plutôt la réponse à cette question :

La période patriarcale n'a cessé que peu à peu d'exister sous l'influence de la cabale des derniers officiers de ses réunions professionnelles, qui devinrent plus tard les Brahmes; — au fur et à mesure que l'influence sociale des pères de famille perdait du terrain dans la direction des services publics de tout l'Indoustan, l'influence brahmanique s'étendait naturellement comme une immense tache d'huile à brûler sur les provinces et peuplades de l'Inde continentale.

Mais l'île de Lanka (Ceylan) n'a été conquise par Rama, chef militaire des Brahmes, que 7,500 ans avant notre ère.

*
* *

Bien que les habitants de Ceylan aient fini par subir l'autorité des grands et des rois, — le règne social du père de famille réuni en corporation professionnelle y existait encore sur toute sa surface (*à peu près comme dans les villes de France sous l'ancien régime*) à l'époque où les Brahmes de l'Indoustan pour lesquels cette organisation collective était un reproche vivant, lancèrent sur elle le chef militaire de la deuxième caste brahmanique de cette époque, c'est-à-dire l'Artaxchatria Rama, descendant du grand Viswamitra, qui avait vaincu les Brahmes et les avait obligés de partager leur pouvoir avec lui.

A l'époque de Rama, les malheureuses populations de l'Indoustan subissaient la servitude à la fois civile et religieuse des Brahmes et des rois (xchatrias) depuis deux mille cinq cents ans environ, après avoir subi environ douze mille ans consécutifs le joug unique de la première secte sacerdotale qui réunissait alors le pouvoir entier des grandes Indes entre ses mains.

Seule, l'île merveilleuse de Ceylan avait échappé au joug brahmanique jusqu'à Rama, protégée qu'elle était par son éloignement, ainsi que par l'Océan qui lui faisait une barrière naturelle de ses eaux.

*
* *

Il ne m'a pas encore été possible de trouver pourquoi les premiers historiens des légendes religieuses ont placé Adam et Ève dans l'île de Ceylan plutôt que dans l'Indoustan, puisque l'Indoustan ainsi que Ceylan ont vécu ensemble des quantités incalculables de milliers d'années sous les bienfaits du règne des collectivités, qui a donné à leurs populations la jouissance du Paradis sur la terre.

Peut-être est-ce pour le motif que les populations de Ceylan auraient été organisées collectivement avant celles de l'Indoustan ?

Ou bien parce que Ceylan a joui environ dix mille ans de l'organisation collective de plus que le continent indien ?

Dans tous les cas, l'explication du symbole évadien que j'ai donnée plus haut semblerait nous démontrer que, les manuscrits des pagodes de l'île de Ceylan ont appris aux historiens du premier homme et de la première femme que, par sa longue indépendance, l'île de Ceylan avait pu conserver les légendes du commencement détruites dans l'Indoustan par les premiers Brahmes, afin de faire la nuit autour de leurs conspirations contre l'indépendance des peuples.

Lorsque Ceylan fut pris, les Brahmes au sommet de leur puissance n'ont pas jugé utile à leurs intérêts de détruire, falsifier ou corrompre les documents de l'époque patriarcale que cette île renfermait.

Voilà comment et pourquoi nous possédons de précieux documents sur l'époque patriacale de l'Humanité.

Mais, sans le long retard de la prise de Ceylan par les armées brahmaniques, nous n'aurions peut-être aucun fait historique pour contrôler sûrement la vérité immaculée de la plupart des symboles pratiques de la religion des collectivités, conservés théoriquement et exclusivement par la Maçonnerie antique, qui les a légués dans leur esprit et dans leur vérité à la Franc-Maçonnerie moderne, laquelle les apprend à son tour aux hommes de bonne volonté quand ils sont libres et de bonnes mœurs.

**

Un poème bien connu de jours et qui était déjà apprécié comme un poème épique de premier ordre pendant tout le cours de l'époque grecque, raconte poétiquement et avec fard la prise de Ceylan par Rama.

Ce poème, appelé le *Ramayana* a inspiré Homère pour l'exécution de son *Iliade*, dont le sujet et les principaux détails sont pour ainsi dire calqués sur le *Ramayana*.

Il existe pourtant une différence sensible de race, entre les armées qui ont pris l'île de Lanka (Ceylan), avec Rama à leur tête, et celles qui ont pris la ville de Troie sous les ordres supérieurs d'Agamemnon.

Cette différence, la voici : — Les chefs de l'armée de Rama étaient naturellement des Aryas, puis, les soldats de la même armée des hommes des races mongolique et nègre mises en complète servitude par les Aryas.

**

L'auteur du poème le *Ramayana* dit que les soldats de Rama étaient des singes et des ours incarnés en hommes, pour l'aider à vaincre les démons qui retenaient sa femme Sita dans l'île de Lanka (Ceylan) : —Tandis qu'en dehors des Mirmidons, qui étaient les soldats d'Achille dans l'*Iliade* et que la fable du paganisme nous présente comme étant un peuple descendant des petits insectes travailleurs appelés fourmis, les soldats grecs ne sont pas considérés comme des animaux par Homère; malgré que le poète fasse interpeller les soldats assiégeant Troie par ces mots qui leur sont adressés constamment par leurs rois :

Grecs, soyez hommes!

Il fallait pourtant bien que les généraux grecs aient un peu

15

jugés leurs soldats comme étant de la race des futurs compagnons de l'artificieux Ulysse, pour les convier sans cesse à devenir hommes ?

Du reste, comme il est bien évident que les hommes ont tous passé par la race des singes, dont d'aucuns portent encore la ressemblance sur le visage ; — l'auteur du *Ramayana* et Homère me paraissent également dans le vrai, malgré la légère différence qui a l'air de les diviser sur la qualité native des soldats de Rama et celle des guerriers des rois de l'*Iliade*.

L'*Odyssée* a également été copié par Homère sur un ouvrage antérieur au *Ramayana*, le poème qui a servi de type à l'*Odyssée* s'appelle le *Mahabharata*, dans lequel se trouve la relation du déluge universel ; — Homère a paraphrasé pour ainsi dire cette relation par les écueils de Charybde et Sylla.

Des zodiaques, sculptés dans le roc vif de plusieurs pagodes souterraines de l'Inde, fixent à sept mille cinq cents ans avant notre ère la prise de Lanka (Ceylan) par le Roi des rois indous qui s'appellait Rama.

Cette date est donc scientifiquement et historiquement indiscutable.

CONCLUSION

DES DEUX PARTIES DU DEUXIÈME CHAPITRE

3°

LA SCIENCE DES DESTINÉES

EXPOSÉ

A. 1.

Les trois Mystères du catholicisme sont ceux du Brahmanisme.

La vérité maçonnique était parfaitement connue des Brahmanes de la décadence, — leur crime consiste donc à avoir gardé dans leurs temples et enseigné seulement par trois degrés à leurs prêtres, les vérités sociales et les sciences naturelles qui étaient enseignées et pratiquées dans les tenues de toutes les familles professionnelles de l'époque du Paradis terrestre.

La Maçonnerie a protesté contre les sciences naturelles transformées en mystères par les sectes sacerdotales, au profit de leur domination temporelle.

La Maçonnerie prêcha d'exemple et initia tout homme libre et de bonnes mœurs aux symboles des lois naturelles qui étaient cachés au fond des sanctuaires brahmaniques.

Le grand Philosophe a donc bien justement accusé les prêtres en disant qu'ils avaient caché **la clef de la connaissance.**

A l'exemple de celles des Indes, les sectes sacerdotales modernes ont également renfermé la clef de la connaissance **de l'esprit de la Nature** dans les trois mystères qu'ils appellent :

1° Le mystère de la Trinité,
2° Le mystère de l'Incarnation,
3° Le mystère de la Rédemption.

Je vais expliquer ces trois mystères en allant chercher leurs significations à leurs sources mêmes, qui est l'Inde de l'extrême antiquité :

Ces trois mystères sont tout simplement :

A. Le mystère de la Trinité individuelle de chacun de nous dont je viens d'étudier plus haut les principes.

B. Le mystère de l'Incarnation dont j'entreprends la vulgarisation ci-après sous le nom de, **la science des destinées.**

C. Le mystère de la Rédemption de l'homme par le travail et les intérêts organisés dans le règne collectif des pères de famille, qui forme le thème de chacun et de tous mes ouvrages économiques.

Par l'explication résumée des trois prétendus mystères, on voit que :

Les sciences naturelles et sociales existent complètement dans le catholicisme, — mais les prêtres de cette religion dogmatiques continuent à cacher la clef de toutes ces connaissances, en la travestissant et la faisant disparaître aux yeux du vulgaire, sous prétexte qu'elle doit rester mystérieuse.

Les Pères de l'Église connaissaient l'explication des trois mystères qu'ils ont établis, mais il y a bien des siècles que presque aucun des prêtres du catholicisme ne sait ce qu'ils

signifient, — il ne faut donc pas trop en vouloir individuellement aux prêtres modernes, car ils ne peuvent pas enseigner ce qu'ils ne connaissent point.

L'initiation du prêtre aux vérités éternelles n'existe même
plus.

*
* *

Il me paraît bon d'étudier les sources du règne du mal,
parce qu'elles nous dévoileront toute la vérité, jusqu'à un
point et un iota.

Le brahmanisme de la première période qui suivit Manou
l'Ancien, avait donc trois degrés de prêtres initiés aux trois
mystères ; mystères dans lesquels les premières sectes sacerdotales avaient renfermé les sciences naturelles enseignées à ciel ouvert à l'époque védique primitive.

Les trois mystères brahmaniques contenaient une notable
variante sur les nôtres, en ce qu'ils n'admettaient pas la Rédemption des hommes par le travail organisé que le Maçon
Jésus est venu expliquer à l'Humanité.

Les Brahmanes divisaient la Trinité en deux mystères, qui
n'en formaient qu'un, puis, l'Incarnation ou la science des
destinées représentait leur troisième et dernier mystère, qu'ils
ont appelés le dogme de la transmigration.

Cela veut dire que les Brahmanes n'admettaient pas la rédemption de l'homme dans ce monde, rédemption qui forme
la base de la doctrine sociale du grand Philosophe.

1° Les Aryas Brahmanes qui officiaient dans les pagodes,
étaient initiés au culte de Brahma-Trinité, ou **Trimourti ini-
tiale** :

Brahma Nara, le père ;
Brahma Nari, la mère ;
Brahma Viradji, le fils.

C'est-à-dire le symbole du grand Architecte expliqué par et dans la trinité de chacune de ces parcelles.

2° Les Aryas-Gourou qui instruisaient le peuple, étaient initiés aux mystères de la Triade, Brahma, Vichnou et Siva.

Le mystère de la Triade ne pouvait être révélé au vulgaire sous peine de mort (*cet édit est environ de huit à dix mille ans postérieur à Manou l'Ancien*).

3° Les Aryas-Pundits qui rendaient la justice et administraient le pays, étaient initiés à la science générale des destinées par le pape de l'Inde, qui s'appelait le **Brahmatmat.**

Lorsque le Brahmatma consacrait et recevait un initié au degré supérieur dans son palais d'Agaysta (*la ville du soleil*), — il lui adressait à peu près les paroles suivantes, qui paraissent être la formule sacrée de Manou l'Ancien.

« *Souviens-toi, mon fils, qu'il n'y a qu'un seul principe de toute chose, que chacun de nous a en lui et par la pratique duquel tu peux rendre à ton gré tes destinées futures heureuses ou malheureuses ; — tu viens d'être initié à ce grand et dernier mystère, mais sache que tu ne dois jamais révéler ces choses au stupide vulgaire ; car si tu le faisais, il t'arriverait de grands malheurs.* »

Le sens de ces paroles a été également recommandé par le maçon Jésus à ses amis, lorsqu'il leur a dit :

« *Ne mettez pas des perles devant des pourceaux, de peur que, les foulant aux pieds, ils ne se retournent ensuite contre vous.* »

*   *
*

Conformant absolument l'esprit de tous et chacun de mes ouvrages économiques à l'esprit des paroles du grand philosophe de la Nature, — je m'abstiendrais de révéler la science

des destinées qui va suivre, si le maçon Jésus n'avait prononcé à ce sujet que les paroles ci-dessus.

Mais le Christ n'a recommandé que le choix des auditeurs
par l'enseignement reproduit plus haut ; quant à l'initiation
générale, il a dit très nettement :

« *Les temps sont arrivés, ce que je vous dis tout bas, dites-le
tout haut, ce que je vous dis à l'oreille, criez-le sur le haut des maisons.* »

L'étude spiritualiste qui va suivre développe donc exactement l'initiation supérieure, que les prêtres de l'époque des
Brahmatmats avaient pris dans les Védas primitifs.

Cette étude représente également les initiations maçonniques de l'antiquité, ainsi que l'esprit de toutes les doctrines
scientifiques du maçon Jésus.

A. 2.

La base de tous les éteignoirs civils et sacerdotaux antiques et modernes.

Les sectes sacerdotales de l'extrême antiquité étaient très
supérieures en intelligence à celles modernes.

Manou l'Ancien les avait solidement organisées afin de
former un monde nouveau, pour régénérer la société humaine paraissant compromise par les profondes divisions qui
existaient entre les peuples des trois races primitives.

Comme il était logique de le faire en pareil cas, Manou re-
monta aux sources des lois naturelles, et les fit servir de type
à la société qu'il fondait sur les ruines encore fumantes et sanglantes de l'ancienne.

Manou pensa honnêtement qu'une société divisée par castes
pouvait seule régénérer l'espèce humaine, et que ces castes

devaient être fondées sur la loi de la transmigration des êtres, c'est-à-dire :

1° En récompensant l'intelligence et la science des Brahmanes (*comme-étant l'esprit des sociétés*), puis, en les mettant pour ce motif au pouvoir suprême.

2° En reconnaissant ceux qui sont dotés de la fortune par la Nature, comme les seconds dans la direction des intérêts publics.

3° En créant à la suite la classe des travailleurs (*marchands, industriels et agriculteurs*).

4° En attachant d'une façon indissoluble à la glèbe de la servitude, tous les déshérités de la naissance.

5° En maintenant les vaincus de la révolution servile à l'état de rejetés de la société (**les pariahs**) et en facilitant la nouvelle société d'envoyer périodiquement parmi eux les criminels des quatre classes sociales.

Voilà bien exactement, dans toute sa pureté et sa simplicité, l'œuvre sociale de Manou l'Ancien; — Manou effaça ainsi l'esprit de famille du progrès humain, en pensant sincèrement être dans la voie de la Nature, parce qu'il favorisait les élus de la Nature.

Ceci arrêté dans son esprit, Manou appela son œuvre sociale, **la Création**, puis, il assimila son œuvre législative à la création générale de toute chose, dont son organisation économique ne paraissait, en réalité, que la continuation réglementée entre les hommes.

•
• •

Voici les scolas (*versets*) des lois de Manou, qui représentent bien cette pensée organisatrice, laquelle a fondé sur la terre le despotisme de quelques hommes sur tous les autres hommes, et cela au nom des lois créatrices.

LOIS DE MANOU

LIVRE PREMIER

CRÉATION

SCOLAS. — 1. Manou était assis, ayant sa pensée dirigée vers un seul objet ; les Maharchis l'abordèrent, et, après l'avoir salué avec respect, lui adressèrent ces paroles :

SCOLAS. — 2. Seigneur, daigne nous déclarer, avec exactitude et en suivant l'ordre, les lois qui concernent toutes les classes **primitives**, et les classes nées du mélange des premières (1).

SCOLAS. — 3. Toi seul, ô Maître, connais les actes, le principe et le véritable sens de cette loi universelle, existant par elle-même, inconcevable, dont la raison humaine ne peut pas apprécier l'étendue, **et qui est le Véda**.

SCOLAS. — 4. Ainsi interrogé par ces êtres magnanimes (2), celui dont le pouvoir était immense, *Manou l'Ancien*, après les avoir tous salués, leur fit cette sage réponse : « Écoutez », leur dit-il.

SCOLAS. — 27. Avec des particules (matrás) ténues des cinq **éléments subtils**, et qui sont périssables **à l'état d'éléments grossiers**, tout ce **qui existe** a été formé successivement.

SCOLAS. — 28. Lorsque le souverain Maître a destiné d'abord tel ou tel être animé à une occupation quelconque, cet

(1) Ces paroles qui ont environ vingt-cinq mille ans, nous démontrent lumineusement l'existence de l'union des trois premières races civilisées, blanche, jaune et noire, puis, celle des castes que le despotisme théocratique en fit ressortir.

(2) Nom donné aux chefs militaires qui avaient vaincu la révolution servile, et qui prirent à la suite le titre de rois (Xachatrias).

être-là l'accomplit de lui-même, toutes les fois qu'il revient au monde.

Scolas. — 29. Quelle que soit la qualité qu'il lui ait donnée en partage au moment de la création, la méchanceté ou la bonté, la douceur ou la rudesse, la vertu ou le vice, la véracité ou la fausseté, cette qualité vient le retrouver spontanément **dans les naissances qui suivent :**

Scolas. — 30. De même que les saisons, dans leur retour périodique, reprennent naturellement leurs attributs spéciaux, de même les créatures animées **reprennent** les occupations **qui leurs sont propres.**

Scolas. — 87. Pour la conservation de cette création entière, l'Etre souverainement glorieux assigna des occupations différentes à ceux qu'il avait produits de sa bouche, de son bras, de sa cuisse et de son pied (**voilà le Dieu-individu qui paraît).**

Scolas. — 88. Il donna en partage aux Brahmanes l'étude et l'enseignement **des Védas,** l'accomplissement du sacrifice, la direction des sacrifices offerts par d'autres, le droit de donner et celui de recevoir.

Scolas. — 89. Il imposa pour devoirs au Kchatriya de protéger le peuple (1), d'exercer la charité, de sacrifier, de lire les Livres sacrés, et de ne pas s'abandonner aux plaisirs des sens.

Scolas. — 90. Soigner les bestiaux, donner l'aumône, sacrifier, étudier les Livres saints, faire le commerce, prêter à intérêts, labourer la terre, sont les fonctions allouées au Vaisiya.

Scolas. — 91. Mais le souverain Maître n'assigna au Soûdra qu'un seul office, celui de servir les classes précédentes, sans déprécier leur mérite.

(*Extrait du Manava-Dharma-Sastra :* lois de Manou, tra-

_____

(1) Le régime militaire.

duites du samscrit, par A. Loiseleur Delongchamps, à Paris,
de l'imprimerie Crapelet, 9, rue de Vaugirard, 1833.)

Ces treize scolas paraissent être les seuls à peu près purs,
c'est-à-dire les seuls non retouchés par les successeurs de
Manou, enfin, les seuls qui représentent entièrement la pensée
sociale du premier Roi et législateur de la terre, parmi les
2,680 scolas qui nous restent du Manava-Dharma-Sastra des
époques primitives du Brahmanisme.

On voit que les véritables lois de Manou reposaient sur les
bases les plus sérieuses, et qu'elles n'ont eu comme nous le
constaterons plus loin, que le tort de mettre dans les mains de
quelques hommes, ce que l'esprit de la famille exige qui soit
mis entre les mains **de tous**.

Quant au dogme de la métempsycose, il ne peut être attribué au vieux Manou, par la logique d'abord, puis, parce que
la sauvagerie de ce dogme jure avec l'élévation scientifique
de tout ce qui peut être sûrement attribué au premier souverain législateur de l'Humanité terrestre.

Le Dieu-individu peut seul avoir été dans la pensée de celui,
dont le pouvoir était immense, parce que Manou sacrifiait
au Dieu-individu en mettant le pouvoir social dans les mains
de quelques hommes.

B. 1.

PARTIE THÉORIQUE DE LA SCIENCE DES DESTINÉES

LA TRADITION HISTORIQUE.

La science des destinées générales de tous et chacun des individus des trois règnes de la Nature est à la fois théorique et pratique.

Théorique, parce que l'histoire des cosmogonies antiques nous donne les conditions générales de cette science par le symbole des transmigrations qu'elles ont emprunté aux sciences naturelles de l'époque du Paradis terrestre; — ceci pour l'Humanité, quant aux races des individus des trois règnes de la Nature qui sont au-dessous de l'homme doté du verbe, la géologie ainsi que les nouvelles sciences anthropologiques et paléontologiques sont arrivées à démontrer matériellement la marche de la Nature depuis les infusoires qui ont engendré les insectes, les insectes qui ont engendré les poissons, les poissons qui ont engendré les oiseaux, les oiseaux qui ont engendré les quadrupèdes, les quadrupèdes qui ont engendré cet être que la science moderne a enfin trouvé et qu'elle appelle l'ancêtre de l'homme sur la terre (1).

(1) De nombreuses conférences qui ont eu lieu au Musée anthropologique et paléontologique de l'Exposition universelle de 1878, ont démontré par l'étude des crânes et ossements trouvés dans les diverses couches du globe, l'évidence de la transmigration des races animales les unes dans les autres.

Tout nous fait donc supposer que la théorie scientifique des transmigrations remontera bientôt aux règnes végétal et minéral, puis, de là, à la refonte des mondes par le feu, que le **Manava-dharma-sastra** de Manou nous enseigne par ces mots, rapportés par Edgar Quinet dans son livre intitulé : *Le génie des religions :*

« *Le monde selon les Indous se dissolvait et se récréait à des époques alternatives.* »

B. 2.

Dogme védique de la transmigration des êtres.

Les manuscrits de la première époque védique reproduits périodiquement dans les Pagodes du sud de l'Inde ; **le Manava-dharma-sastra** des Manous ; — puis, les quatres livres des Védas, arrangés selon les besoins de la domination théocratique des sectes brahmaniques par les successeurs du premier Manou, contiennent çà et là une quantité considérable de versets (*scolas*), qui parlent sur tous les tons et d'une façon plus ou moins ouverte de la transmigration des êtres, de ses causes et de ses résultats.

L'étude des extraits que je pourrais faire sur chacun de ces documents historiques me porterait à une quantité d'explications et de controverses, qui pourraient ne pas être d'une grande utilité pour faire bien comprendre l'antique dogme de la transmigration des êtres comme je le désire.

Par ces motifs, je me suis décidé à prendre sur le plus grand recueil encyclopédique qui existe, l'ensemble ou plutôt le résumé des extraits qui ont été faits par d'autres sur ce même sujet.

Voici l'ensemble de ces extraits.

« **IV. — De la doctrine brahmanique.** *Deux grandes con-*

ceptions, deux idées maîtresses comme dirait M. Taine, constituent la métaphysique brahmanique ; la conception panthéiste de Brahma, et le dogme de la transmigration. Nous avons déjà fait connaître la première, et dit comment le panthéisme brahmanique avait pu et dû sortir naturellement du polythéisme védique (v. Brahma).

(*Dictionnaire universel*).

INSTRUCTION. J'ai résumé dans ce chapitre la théorie de l'ouvrier universel, dont les êtres des trois règnes de la Nature sont les parcelles ; — j'ai expliqué l'Être suprême tel que les générations du Paradis terrestre le connaissaient et tel que la Maçonnerie antique nous l'a fait connaître sous le nom du grand Architecte de l'univers.

Par l'extrait ci-dessous du *Dictionnaire universel*, je donne le résumé de la corruption brahmanique de par laquelle le panthéisme a remplacé le culte de l'ouvrier universel, en posant en dogme la détestable et odieuse métempsycose ; — puis le Dieu-individu, au nom duquel on a éteint les lumières de toutes les sciences naturelles.

Le panthéisme brahmanique se trouve résumé dans les paroles suivantes, par lesquelles se termine le Manava-Dharma-Sastra :

« *Que le Brahmane, réunissant toute son attention, voie dans l'âme divine toutes les choses visibles et invisibles ; car, en considérant tout dans l'âme il ne livre pas son esprit à l'iniquité. L'âme suprême est l'assemblage des deux ; c'est l'âme suprême qui produit la série des actes accomplis par les êtres animés. Le Brahmane doit se représenter le grand Être (Para Pouroucha) comme le souverain maître de l'univers, comme plus subtil qu'un atome, comme aussi brillant que l'or le plus pur et comme ne pouvant être conçu par l'esprit que dans le soleil de la contemplation la plus abstraite. Les uns l'adorent dans le feu élémentaire ; d'autres dans Manou, seigneur des créatures ; d'autres dans Indra ; d'autres dans l'air* pur ; d'autres dans l'éternel Brahma. C'est ce qui, enveloppant tous les êtres d'un corps formé de cinq éléments, les fait passer successivement de la naissance à l'accroissement, de l'accroissement à la dissolution par un mouvement semblable à celui d'une roue. Ainsi l'homme, qui reconnaît dans sa propre âme l'âme suprême, représentée dans toutes les créatures, se montre le même à l'égard de tous et obtient le sort le plus heureux, celui d'être à la fin absorbé dans Brahma. » *Dictionnaire universel).*

Voici le libellé de la doctrine védique de la transmigration des êtres, avant sa transformation en métempsycose.

« Le dogme de la transmigration forme un des traits les plus saillants de la doctrine brahmanique. Selon cette loi, tout acte de la pensée, de la parole et du corps, selon qu'il est bon ou mauvais, porte un bon ou un mauvais fruit ; des actions des hommes résultent ainsi leurs différentes conditions ; tous les maux physiques et moraux qui affligent l'Humanité ne sont que la conséquence inévitable des péchés commis dans une existence antérieure. »

« Le Manava-dharma-sastra *spécifie cinquante-deux défauts corporels comme étant des châtiments de cette nature, la distinction des êtres en dieux, hommes et créatures inférieures ; celles des hommes en diverses castes est fondée sur le principe suivant :*

« Être né sur un degré plus au moins élevé de l'échelle des êtres n'est pas l'effet du hasard, ni d'une fatalité purement physique, ni de la volonté souveraine d'un Dieu tout-puissant ; mais la conséquence des mérites qu'on s'est acquis ou des fautes qu'on a commises dans une vie précédente. »

(Dictionnaire universel).

*
* *

« Le brahmanisme nous représente donc une religion méta-physique, qui est absolument dégagée de ce que le positivisme appelle théologie. »

« Le monde, suivant la 1re doctrine brahmanique, n'est pas mû, gouverné par des volontés ou par une volonté unique; il est soumis, dans son mouvement et dans ses changements à une force abstraite; cette force abstraite, c'est le mérite et le démérite, elle tient sous son empire les dieux comme les hommes, il n'y a qu'elle, elle est partout. »

« Rien de semblable ici, comme M. Taine en fait l'observation, aux idées helléniques, mahométanes, chrétiennes ou modernes. »

« Il n'y a point de destin extérieur qui gouverne la vie des êtres; chaque être, par son vice ou sa vertu se fait à soi-même son propre destin. Il n'y a point de lois maté-rielles qui enchaînent les événements, les événements ne sont enchaînés que par la loi morale. Il n'y a point de Dieu autocrate qui distingue le bien et le mal par des décrets arbitraires, ni de Dieu juste qui distribue le bien et le mal pour récompenser ou pour punir. »

« Aucun Dieu ne s'interpose entre la vertu et le bonheur, entre le vice et la vertu pour les séparer ou pour les unir. Par sa propre nature, le bonheur s'attache à la vertu et le malheur au vice, comme l'ombre au corps. Chaque action vertueuse ou vicieuse est une force et les actions vertueuses ou vicieuses prises ensemble sont les seules forces de la Nature. Chaque œuvre s'attache à son auteur comme un poids ou comme le contraire d'un poids; selon qu'elle est mauvaise ou bonne, elle l'entraîne invinciblement en bas ou l'élève invinciblement en haut dans l'échelle des mondes ; — sa place à chaque renaissance, sa destinée pendant chaque incarnation, est déterminée tout entière par la proportion de deux forces, comme l'inclinaison du fléau d'une balance est déterminée tout entière par la proportion des poids qui sont dans les deux plateaux. »

(Extraits du *Dictionnaire universel*, au mot Brahmanisme. Tome II, pages 1189-1190.)

Instruction. — Tout ce qui est en caractères égyptien dans ces extraits représente, d'après mes études, les restes à peu près purs des sciences naturelles enseignées par les premiers Védas de l'époque du Paradis terrestre ; — le surplus fait partie des fausses interprétations brahmaniques commencées par Manou l'Ancien, puis, continuées indiscontinument jusqu'à la conquête musulmane des Indes, arrivée vers l'an 1000 de notre ère (1).

Quant au nom du grand Architecte, de l'ouvrier universel enfin, dont parle Sankoniathon comme étant le grand être des Indous de la première époque védique, il n'en est déjà plus question sous les Manous ; — il est simplement nommé ici *Para Pouracha,* grand Dieu que quelques Indous seulement adorent encore aux premières époques de décadence, *comme étant le feu élémentaire.*

*
**

Heureusement que la Maçonnerie nous a conservé le culte du grand Architecte feu et eau, ainsi que celui de ses maçons et parcelles travaillant à son plan immense.

Pourtant, les restes de la science naturelle des Védas

(1) Nous ne devons la connaissance des traditions védiques et celles du brahmanisme primitif qu'aux copies des manuscrits des pagodes qui ont toujours été religieusement opérées dans les Indes par les brahmanes théologiens.

primitifs sont encore bien largement reconnaissables dans l'extrait ci-dessus :

1° Par la conception polythéiste de Brahma;

2° Par le dogme de la transmigration, qui est la pratique de la création générale, opérée à chaque seconde de la vie éternelle par les parcelles du grand Architecte de l'univers.

En conséquence :

La conception du père trinitaire de chacun des hommes, père que les premiers Védas ont baptisé du nom de Brahma ou ma Branche; puis, le dogme de la transmigration avec **l'Homme-Dieu** se faisant à lui-même son propre destin, par son obéissance ou sa désobéissance aux lois naturelles feu et eau, qui repoussent le mal et enfantent universellement le bien sous toutes ses faces; — représentent entièrement la clef de toutes les connaissances humaines, que le dernier Christ reproche si énergiquement aux sectes pharisaïques d'avoir enlevé de l'instruction des peuples par ces paroles que je ne crois jamais avoir assez répétées : « *Malheur à vous, docteurs de la loi, parce que, ayant pris la clef de la connaissance, vous n'y êtes point entrés vous-mêmes, et vous avez encore empêché d'y entrer ceux qui voulaient le faire* ».

(Luc, chapitre XI, verset 52.)

B. 3.

Les castes ou classes sociales du Brahmanisme.

Une instruction qui domine toutes les autres, ressort premièrement du résumé de la doctrine védique puis brahmanique reproduit ci-dessus.

Cette instruction, la voici : — Comme on vient de le voir,

les Védas du Paradis terrestre apprenaient à l'Humanité que

— Être né sur un degré plus ou moins élevé de l'échell des êtres n'est pas l'effet du hasard, ni d'une fatalité pu rement physique, ni de la volonté souveraine d'un Die tout-puissant; — mais bien la conséquence des mérite que l'on s'est acquis ou des fautes que l'on a commise dans une vie précédente.

Les grands de la terre ont donc été bien des fois dans le positions sociales les plus malheureuses, et pourront s'y trou ver encore à nouveau, s'ils ne savent pas s'en garantir pa l'établissement du règne de la Justice, — règne qui oblig par intérêt, à faire à son prochain ce que chacun voudrai qu'il lui soit fait s'il était à sa place.

En conséquence, la société de l'époque du Paradis terrestr organisait les intérêts producteurs de tous les hommes dan des familles industrielles, de façon à instruire et soulage chacun des hommes laborieux par la mutualité.

Cette organisation ne coûtait matériellement rien aux gen riches ou aisés de cette époque bienheureuse, bien au con traire, elle les enrichissait moralement; — cela veut dire que les gens riches ou aisés se préparaient la réciprocité pou leurs existences suivantes :

« Ce que vous voulez que les hommes vous fassent, faites-le leu aussi de même; car c'est là toute la loi et les prophètes.

(MATHIEU, chap. VI, verset 12.)

*
* *

En falsifiant le *Manana-Dharma-Sastra*, les successeurs de Manou se sont bien gardés de détruire radicalement les prin cipes collectifs des premiers Védas, car ils auraient violem ment froissé les populations, — non, en profonds politique qu'ils étaient, ils se sont contentés d'individualiser d'abord l'es prit des premiers Védas tout en les conservant dans leur lettre.

Ils ont eu, du reste, fort beau jeu en ce que :

Arrivé au principe créateur des destinées humaines reproduit ci-dessus, Manou le prend et le conserve tel quel, — mais il en fait le motif légal de la division des populations en castes, en ajoutant ces simples mots en tête du texte védique :

« *La distinction des êtres en Dieu, hommes et créatures inférieures, ainsi que celles des hommes en diverses castes sur le principe suivant :* — **Être né**, etc ».

Ceci nous démontre lumineusement, combien Moïse était doué d'une haute science sociale lorsqu'il a posé en principe que : — le fruit de la science du bien croît sur le même arbre que celui de la science du mal.

1re Réflexion. La division des classes sociales, calquée sur la place que chacun a prise dans la société par sa conduite antérieure, a, il faut l'avouer, un côté saisissant de justice bien capable d'entraîner la raison des honnêtes gens.

Néanmoins, toute rationnelle que cette division paraisse, elle ne vaut absolument rien.

1° D'abord, parce que c'est une division et que toute division doit être repoussée *à priori*, comme étant l'ennemi naturelle du principe d'unité qui est le seul créateur.

2° Parce que la caste n'existe même pas dans l'intérêt des élus de la Nature, car ce principe social détermine les ligues du plus grand nombre contre le plus petit, et enfante par ce fait les soulèvements, jacqueries, guerres, invasions et révolutions ; — or, tous ces malheurs publics qui ruinent plus ou moins les gens riches et aisés d'une nation, sont impossibles (*comme je le démontre par le chapitre suivant*), dans une nation réunie et fédérée par familles industrielles.

2ᵐᵉ Réflexion. Le grand parti social que les Védas du Paradis terrestre ont fait ressortir du principe créateur des destinées humaines ; puis, celui qu'on a tiré Manou l'Ancien en le codifiant ; — représentent bien réellement la plus belle leçon de sociologie pratique que les sciences naturelles puissent donner aux générations humaines, par-dessus les milliers d'années qui nous séparent de ces époques primitives.

*
* *

En résumé : Il est évident que la foi en la science des destinées arrivera à éteindre les discordes entre les hommes, c'est-à-dire à légitimer les situations sociales que chacun a reçu de la Nature ; — mais cette foi doit également démontrer aux riches, aisés ou intelligents, tout l'intérêt qu'ils ont à faciliter l'adoucissement des existences d'épreuves de leurs frères de l'Humanité, par les intérêts producteurs et la mutualité organisés dans les familles industrielles fédérées entre elles.

La famille industrielle peut seule rendre l'homme libre par le travail sans jamais recourir à la charité matérielle.

Il faut donc répéter à ce sujet comme à celui de toutes les autres faces des sciences naturelles : **Il n'y a qu'un bien : savoir, et qu'un mal : ignorer.**

B. 4.

Le Dieu de la Maçonnerie et ses Maçons.

1°

Existences mondaines et transmondaines.

Par la pratique des égoïsmes individuels organisés légalement à la tête de leur société, les sectes judaïques (*ne compre-*

nant plus rien aux sciences morales de la Nature) nous ont laissé parvenir intacts les sublimes enseignements suivants de Moïse, enseignements qui contiennent entièrement la loi des destinées de l'homme et des sociétés que j'appelle ici, — Intelligence du Dieu de la Maçonnerie :

« *Car je suis l'Éternel ton Dieu !*
« *Et qui fait miséricorde en mille générations à ceux qui m'aiment et qui gardent mes commandements.* »

(DEUTÉRONOME, chap. v, versets 9 et 10.)

« *Oh ! s'ils avaient tous ce même cœur pour me craindre et pour garder mes commandements, afin qu'ils fussent heureux, eux et leurs enfants à jamais.* »

(DEUTÉRONOME, chap, v, versets 9 et 29.)

On voit que l'honnête Moïse désirait vivement doter ses compatriotes du Paradis terrestre.

*
* *

Le grand Architecte de l'univers est à la fois et par moitié mâle et femelle, blond et brun, nuit et jour, enfin feu et eau.

En un mot, le feu qui est l'esprit peut vaporiser et rendre toute chose liquide, gazeuse ou fluidique, tandis que l'eau qui protège la création des corps a le don de durcir, d'engraisser, enfin de tout rendre solide.

Voilà pourquoi il faut considérer comme étant dans l'enfance scientifique, les praticiens chimistes qui analysent les résultats d'une opération faite dans leurs creusets, fourneaux ou cornues, sans tenir compte et même sans penser aux divers fluides du feu et de l'eau par le moyen desquels ils les ont exclusivement obtenus.

*
* *

Ainsi que je l'ai expliqué ailleurs, le symbole maçonnique de la vie éternelle est représenté par une chaine infinie d'union, composée de millions de chainons.

La chaine d'union du grand Architecte occupe tous les espaces finis et infinis, elle est formée par chacun des êtres ou parcelles du grand tout, depuis les animalcules les plus imperceptibles jusqu'aux plus grands génies des mondes supérieurs.

En un mot, la chaine d'union du grand Architecte est au ciel, sur la terre et en tous lieux, d'après l'expression générale des cosmogonies anciennes et modernes,

*
* *

A force de vivre, de s'instruire, de travailler et de passer par toutes les existences plus ou moins malheureuses ou plus ou moins heureuses de sa vie éternelle, chacune des parcelles ou Maçons du grand Architecte feu et eau dont le nombre est illimité, parcourt les uns après les autres les anneaux de la chaine immense, le long de laquelle se déroule le plan de l'Esprit universel.

Chaque anneau de l'immense chaine d'union représente donc symboliquement le plan d'existence d'une série quelconque des parcelles du grand Architecte.

Chaque plan d'existence est harmonieusement construit quelle que soit son infinité : — Les qualités qui manquent aux parcelles ou Maçons de chaque plan de la vie universelle ne leur sont d'aucune utilité, car l'état d'avancement de leur esprit et par conséquent de leur corps, qui est toujours créé à l'image de chacun de leurs esprits, n'en a pas encore besoin.

Les parcelles ou Maçons de chacun **des plans** du **grand**

Plan de l'Esprit universel, vivent les uns avec les autres et les uns pour les autres, ils se réunissent et s'attirent par affinité et sympathie d'esprit et de corps, parce qu'ils sont pétris du même feu spirituel et matériel, mais à des degrés souvent bien différents.

.·.

Chaque plan de la chaine universelle comporte des qualités instinctives ou directrices pour ses habitants, — quelquefois instinctives seulement, d'autre fois presque exclusivement directrices, mais le plus souvent instinctives et directrices à la fois.

Les plans d'avancement de chacun des chainons de l'immense chaine d'union comportent une Nature différente de droits et devoirs, lesquels droits et devoirs sont toujours proportionnels à la qualité du feu dont leurs parcelles sont animées, depuis le feu du sang rouge, noir et gluant des animaux immondes, jusqu'aux fluides électriques les plus vaporisés qui forment et animent le sang éthéré des hommes habitant les mondes avancés.

De tout cela il résulte que :

L'homme qui s'est saturé de mœurs et pratiques matérielles au-dessous de sa Nature, est brûlé après sa désincarnation par les fluides inférieurs à lui-même dont il s'est souillé, — il est brûlé lorsqu'il n'a plus son corps matériel qui formait un espèce de rempart et empêchait la lutte fatale des deux qualités de feu qui ne devraient pas se trouver ensemble, si le sujet dont je parle avait obéi aux lois de sa Nature, c'est-à-dire, et pour parler maçonniquement, s'il avait travaillé au plan du grand Architecte de l'univers comme un homme libre et de bonnes mœurs doit le faire.

*
* *

De même que dans les maladies du corps humain, il y la période aiguë et la période chronique dans les maladies des hommes qui rentrent près de leur père sans leurs habits de fête, — cela veut dire, qui arrivent près de lui avec leurs fluides vitaux plus ou moins souillés.

Selon les paroles du Maître en toutes les sciences, la période aiguë des souillures humaines se guérit ou plutôt se cautérise un peu, par les pleurs et les grincements de dents qui agitent plus ou moins longtemps ceux qui ont rendus leurs fluides malades ou seulement maladifs (1). Quant à la période chronique, elle ne peut se guérir que par une existence dans laquelle le malade souffre ce qu'il a fait souffrir, c'est-à-dire dans laquelle il habite **charnellement** des plans sociaux en harmonie avec la qualité des actes qu'il a commis.

En un mot, les affections fluidiques que l'homme s'est données par sa conduite, forment fatalement les destinées générales de sa prochaine existence corporelle; — enfin et pour parler scientifiquement, la souillure fluidique comportant à la fois l'affaiblissement des organes spirituels et matériels dont un homme s'est formé peu à peu, il faut que cet homme aille vivre et s'amender dans la place inférieure avec laquelle il a sympathisé ses organes vitaux.

B. 5.

Progrès indéfini.

Lorsqu'un maçon du grand Architecte a augmenté ses vertus morales et matérielles dans une ou plusieurs existences

---

(1) Les rhumatismes du corps qui nous viennent par des froids et se guérissent par des douches chaudes et froides qui rétablissent la circulation du sang, représentent très bien, quoique matériellement, les rhumatismes spirituels que l'homme se donne par sa mauvaise conduite.

successives de douleurs de travail et partant de solide instruction ; — cela veut dire, — lorsqu'un homme doté du verbe a écouté les conseils de son père, conseils rendus plus intelligibles pour lui par les souffrances morales qu'imposent les plans inférieurs des sociétés ; — alors, une épuration plus ou moins grande fortifie peu à peu les organes spirituels et matériels de cet homme, et lui ouvre par ce seul fait, ou plutôt lui construit naturellement une existence plus ou moins élevée, suivant le rang qu'il a conquis dans la future génération humaine.

Comme conséquence :

Celui qui a ainsi épuré les fluides et organes vitaux par une vie de travail, d'études, et surtout par la pratique de l'amour du prochain, peut alors s'absorber dans le sein de sa branche éternelle de laquelle il n'est plus séparé, parce que ses fluides épurés sont redevenus sympathiques aux fluides toujours purs (*selon leur état d'avancement*) de son père trinitaire.

La parabole de l'enfant prodigue nous montre scientifiquement cette situation au point de vue moral.

Puis, la parabole du mauvais riche nous représente aussi et très exactement cette situation au point de vue pour ainsi dire matériel, mais cette fois-ci dans les deux cas, — c'est-à-dire dans le cas de la rentrée du méchant et de l'égoïste dans le monde supérieur, — puis, dans celui de la rentrée d'un homme épuré par la souffrance dans le sein de son Père A. Brahma.

J'engage donc mes lecteurs à relire attentivement ces deux merveilleuse paraboles sur la meilleure traduction de l'Évangile du peintre Luc, chap. XV et XVI.

*
* *

Montrant à ses amis des riches de la terre qui se conduisaient égoïstement et matériellement, le grand Philosophe recommande à ses disciples de ne pas les maudire, — car, dit-il simplement, **ils ont reçu leur récompense.**

Un jour, pourtant, outré de l'inintelligent égoïsme des opulents pharisiens de Jérusalem, le Maître se retourne du côté de quelques-uns d'entre eux et les interpelle en ces termes :

« *Malheur à vous, riches, parce que vous avez déjà reçu votre consolation.* »

« *Malheur à vous qui êtes rassasiés, parce que vous aurez faim.* »

« *Malheur à vous qui riez maintenant, car vous vous lamenterez et vous pleurerez.* »   (Luc, chap. VI, versets 24, 25).

Tout cela représente les résultats fatals de la vie des hommes, — résultats qui pourraient être modifiés du tout au tout par le règne des collectivités : — Ce règne merveilleux rend, en effet, tous les hommes intéressés à conformer leur conduite à l'esprit des lois de la Nature, c'est-à-dire à suivre de point en point tous les profils de la vie générale qui sont tracés sur le plan du grand Architecte de l'univers.

PARTIE PRATIQUE DE LA SCIENCE DES DESTINÉES

EXPOSÉ

Ainsi que toutes les grandes lignes de la Nature, le cadran des destinées humaines est divisé en sept parties.

Ces sept divisions sont représentées chacune par une existence charnelle, dans laquelle chaque sujet perd plus ou moins le souvenir de ses épreuves passées, suivant son état d'avancement et sa situation fluidique.

Les cinq premières existences septénaires sont celles des sens, la sixième est généralement celle de la conscience acquise, mais la dernière est fatalement celle de repos ou de relâche, comme l'honnête et savant Moïse nous l'a appris par des paroles que j'ai reproduites plus haut.

Si bien que, la septième partie des populations se trouve généralement dotée des existences les plus protégées, — et cela, en proportion exacte avec l'avancement des titulaires, leurs spécialités intellectuelles et le courage qu'ils ont montré à supporter leurs précédentes existences d'épreuves.

Ceci étant bien compris, il va de soi que, lorsque le règne des collectivités sera organisé entre les hommes, leurs existences malheureuses s'adouciront peu à peu, par la mutualité d'abord, puis, par la pureté des mœurs qui découlera petit à petit et de plus en plus du règne de la justice, qui protégera et développera tous les intérêts depuis le plus petit jusqu'au plus grand, mais en donnant toute satisfaction aux aspirations légitimes.

Enfin, les existences de fortune atrophieront de moins en moins le cœur et l'intelligence des heureux de la terre.

Ceci dit, je passe à la démonstration détaillée et pratique de la vérité éternelle des hommes, qui est condensée dans les six alinéas ci-dessus.

Les transformations de la chenille en papillon et du papillon en chenille, du gros ver blanc en hanneton et du hanneton en gros ver blanc, etc., etc., représentent quelques-uns des exemples pratiques de la vie universelle, qui sont mis journellement sous les yeux de l'homme par la Nature pour lui faire saisir, en quelque sorte, la différence qui existe entre le corps et l'esprit.

La grande loi de nature est unique, elle est partout semblable en esprit et en principe.

La Nature, c'est la vie.

La désobéissance aux lois de la Nature, c'est la mort.

Chaque homme peut se rendre compte tous les jours de son existence que, lorsqu'il a fait quelque chose de mal ou qu'il a commis un acte matériel plus ou moins contraire à sa moralité ou aux intérêts légitimes de son prochain, il se sent comme alourdi. — Au contraire, lorsqu'un homme a accompli quelque chose de bien et d'élevé, c'est-à-dire de conforme aux intérêts de ses semblables et par conséquent de lui-même, il sent un allègement général plus ou moins grand, suivant la valeur morale de ses actes du moment.

A.

Comparaison physiologique.

Semblable en esprit à notre planète qui sature constamment son atmosphère de nuages plus ou moins noirs ou transparents, lesquels retombent plus tard en pluie sur elle pour la féconder; — l'homme sature les fluides vitaux dont son être spirituel est formé et entouré, de toutes les actions plus ou moins noires ou transparentes qu'il commet pour ou contre les intérêts matériels de ses semblables; — de même que pour la terre, les bonnes ou mauvaises actions de l'homme retombent plus tard sur lui, afin de fertiliser pour ainsi dire son sol et son sous-sol par toutes les variétés de la souffrance qu'il a diversement méritée.

La courte explication ci-dessus représente exactement une image pratique (*prise sur deux des plus grands faits reproducteurs de la Nature*) de la face la plus importante des lois de la vie éternelle de toute chose.

Cette courte comparaison nous démontre encore que, quel que soit son état d'avancement, l'homme doit fatalement vivre dans les plans moraux de l'Humanité avec lesquels il a harmonisé momentanément l'enveloppe de ses fluides vitaux, en résistant plus ou moins imparfaitement à la satisfaction des exigences de son corps matériel, soit par égoïsme, orgueil ou sensualité.

En un mot, attiré par la loi des semblables, l'homme qui a sacrifié dans une mesure quelconque ses intérêts véritables à ceux passagers de ses passions, doit naturellement et sans autre jugement que la force même des choses qu'il a lui-même établie, être lié, allié, dépendant et forcément en relations constantes d'intérêts, d'affaires et de famille avec des hommes, femmes et enfants plus ou moins inférieurs, mais absolument semblables en avancement intellectuel avec la nature des actes d'ensemble ou de détail qu'il a commis antérieurement contre son prochain, actes qu'il n'a pas encore effacé par la souffrance de son compte courant au grand-livre de la vie universelle.

Les souffrances les plus vives de l'individu qui s'est ainsi déclassé moralement lui-même, viennent précisément des êtres inférieurs avec lesquels il est forcé de vivre, et qu'il côtoie sans cesse dans chacune de ses relations sociales.

B.

Réparation.

Chacune des odyssées réparatrices des hommes est donc forcément accompagnée des misères et déceptions morales et matérielles, correspondantes à tous les niveaux de la vie générale auxquels ces mêmes hommes se sont abaissés par leurs actes passés. — Depuis le mendiant cul-de-jatte, en passant par les victimes de chacune des injustices sociales, jusqu'au grand seigneur trompé dans ses plus chères affections; l'Humanité entière n'est faite et construite que par le passé de chacun des êtres qui en font partie.

Cela est logique autant que fatal, parce que les hommes doivent toujours souffrir et progresser, pour et par les choses qu'ils ont un besoin urgent d'apprendre, puisqu'ils n'ont pas su les pratiquer avec intelligence.

C'est là l'explication exacte de la formation générale de

toutes les multiples variétés de la vie universelle, qui donne toujours et fatalement à chacun selon ses œuvres et ses forces ; et cela dans son intérêt même.

C.

Le clavier de la vie générale.

La vie générale est composée de tous les individus et choses qui existent : — L'être vit parce qu'il a vécu, et il vivra parce qu'il vit ; chacune de ses existences apporte à sa parcelle d'esprit une somme plus ou moins grande de progrès, qui constitue peu à peu la transformation de l'être et son passage au travers de toutes les formes animales de la grande famille dont il est sorti.

Chacun des individus est donc forcément constitué matériellement à l'image de son esprit.

Par ces motifs basiques,

Il est extrêmement facile de comprendre que :

1º L'homme s'adonnant exclusivement au culte d'une ou de plusieurs des choses créées, soit par les individus inconscients de la Nature, soit par les hommes eux-mêmes, se sature plus ou moins de fluides bas, moyens ou élevés.

En général, le culte des créations de la Nature est élevé lorsqu'il n'y a pas abus, — tandis que le culte des choses créées par les hommes représente, la plupart du temps, les appétits bas et matériels.

2º Chaque individu passe son existence en voyant généralement augmenter ses goûts pour les objets auxquels il sacrifie ; — mais, après la transformation suprême, il ressent en bien ou en mal l'effet du mélange fluidique qu'il a accompli par les pratiques de sa vie. Étant bien entendu qu'aucun être

17

no peut se former une nouvelle enveloppe quand le moment en est venu, qu'en l'harmonisant exactement avec sa situation fluidique présente.

Il s'ensuit naturellement que : celui qui s'est saturé de fluides élevés par le travail, puis, par l'étude et la pratique des vertus domestiques, entre naturellement dans des destinées heureuses en harmonie avec son épuration relative. — Tandis que celui qui s'est saturé de fluides inférieurs en obéissant aux passions matérielles, entre dans le niveau social des bas-fonds de l'activité humaine dont il s'est assimilé les qualités inférieures ; puis, ce damné par sa faute hérite momentanément de toutes les conséquences de pauvretés, infirmités et même de crimes et délits qui habitent ces régions de la vie générale.

Chacun va donc se ranger fatalement à la place qui lui appartient par la force même des choses, sans qu'il soit besoin d'une autre autorité que celle du jugement dernier de chaque individu, qui procède exactement jusqu'à un point et un iota de la situation présente de ses fluides vitaux. — A ce moment suprême, chacun reçoit relativement à son avancement, ou plutôt trouve le juste salaire de ses œuvres bonnes, moyennes ou mauvaises.

D.

Connais-toi toi-même.

Lorsque Socrate disait à l'homme *connais-toi toi-même*, il est absolument certain pour celui qui a étudié consciencieusement la vie de ce philosophe individualiste, — que Socrate était loin de comprendre toute la grandeur, la portée et la profondeur du sublime conseil qu'il donnait à l'Humanité dans ces quatre mots.

D'après l'esprit de toute la doctrine de Socrate, il paraît évident que les limites de ce grand enseignement étaient *ainsi* circonscrites dans la pensée du philosophe des places publiques d'Athènes.

E.

Le faux enseignement du connais-toi toi-même.

Étudie tes goûts et les forces, connais tes besoins et les aptitudes, mais cache le tout à tes semblables afin de les dominer et de les exploiter ; pour donner plus facilement ensuite une légitime satisfaction à tes besoins et passions.

En un mot, l'individualiste Socrate ne pouvait avoir en vue pour l'explication de cette belle parole, de même que pour tous les autres discours prononcés par lui, que le règne du système social appelé l'individualisme.

L'explication ci-dessus représente, en effet, le programme du matérialisme et de l'individualisme que préconisait Socrate à l'usage des intelligents et riches de la terre. — L'obéissance à l'esprit de cette pensée conduit tout droit l'homme à corrompre ses fluides vitaux par la pratique des passions matérielles, en le préparant par le fait aux terribles souffrances qui en sont la conséquence fatale.

Après avoir critiqué la traduction matérialiste du *connais-toi toi-même* de Socrate, j'ai le devoir d'en donner l'explication d'après l'esprit du plan du grand Architecte de l'univers.

Voici cette explication :

F.

Le véritable enseignement du connais-toi toi-même.

1° *Homme, connais-toi toi-même, songe avant tout que ta vie n'est qu'un voyage d'affaires, dans le cours duquel tes intérêts ma-*

tériels les plus chers te donnent l'obligation d'augmenter le plus possible tes qualités morales et intellectuelles, — cela veut dire scientifiques et productives ; — car, l'augmentation de tes qualités morales représente la seule chose acquise dans le cours de ta vie que tu emporteras en retournant dans ta patrie véritable.

2º Néanmoins, ne méprise jamais les biens matériels, car ils sont indispensables au progrès général, ils sont à la fois la base, l'outil et la route du règne de l'esprit, qui doit diriger plus tard et éternellement l'Humanité terrestre.

3º La sagesse consiste donc à dominer les biens matériels, à bien les employer et surtout à ne se laisser jamais dominer par eux. — En un mot, il faut que les biens matériels soient ton esclave mais que tu ne sois jamais le leur.

4º Il n'y a pas d'autre enfer que la vie, mais la vie n'est un enfer plus ou moins douloureux que pour ceux ayant été lâches à divers degrés vis-à-vis de leurs passions, ou méchants pour leurs semblables. — Si tu es dans ce cas, supporte courageusement ton épreuve, souviens-toi que tous tes maux sont passagers et que les soi-disant heureux de la terre que tu regardes peut-être d'un œil d'envie, ont passé bien des fois par ta situation. — Mais, songe surtout que toutes les plus riches situations terrestres peuvent redevenir ton partage si tu le veux, c'est-à-dire si tu travailles sans relâche et avec courage à ton progrès moral.

5º Par ces divers motifs, ton intérêt général le plus vif et le mieux entendu consiste donc d'employer toutes tes forces à l'organisation de la religion des collectivités dans la nation dont tu fais partie, et cela, quel que soit le rang social que tu y occupe. — Je te dirai plus, plus ton rang est élevé dans la société, plus ton intérêt matériel te commande de pousser de toute ta puissance à l'établissement du règne des collectivités ; par la bonne raison que, étant élevé sur les échelons sociaux tu ne peux que descendre dans tes épreuves prochaines. — Or, le règne des collectivités donnant le bonheur proportionnel et relatif à tous, puis protégeant

surtout les faibles qui sont momentanément bas placés dans les so-
ciétés, tu en ressentirais davantage et pour ainsi dire de suite les
excellents effets.

G.

La pensée.

Afin d'expliquer pour ainsi dire brutalement l'accomplissement du fait matériel de la loi de Nature, je dis :

La pensée est une étincelle électrique qui s'échappe de
toutes les parties de l'esprit universel qui possèdent déjà la
volonté; la pensée de chacun peut porter plus ou moins loin
suivant l'état de son avancement moral.

La pensée est donc un courant magnétique dont le pôle positif est représenté par celui duquel elle part.

Les bonnes pensées sont l'indice de la force, elles viennent
généralement des êtres les plus avancés, les mauvaises pensées, au contraire, sont des émanations d'êtres plus ou moins
inférieurs, elle décèlent par leur basse qualité l'état inférieur
d'avancement de ceux qui les forment.

Celui qui a une mauvaise pensée contre quelqu'un, con-
tracte par ce seul fait une dette d'avenir envers lui. — Les
pensées, émanations de l'avancement des êtres, constituent
donc et constatent à la fois toutes les variétés de la force des
esprits élevés et leur puissance sur les autres, ainsi que la
faiblesse de ceux qui sont toujours les esclaves de leurs mauvaises passions.

Il a été dit sur l'effet des bonnes et mauvaises pensées :

Celui qui veut être votre maître sera votre serviteur.

L'engagement (*même par la pensée*) est tellement évident
pour chacun, sans même qu'il se rende compte de la loi spi-

rituelle, expliquée imcomplètement ci-dessus, que : — Celui qui a une mauvaise pensée contre quelqu'un à propos d'un soupçon quelconque qui vient à s'éclairer et à démontrer sa fausseté à la personne qui l'a eu, cette personne est généralement honteuse vis-à-vis d'elle-même, elle désire plus ou moins ardemment suivant sa nature, avoir l'occasion de réparer cette erreur morale ? — Et pourtant, personne ne connaît ce soupçon si ce n'est la personne qui l'a ressenti.

H.

Les mille et une notes fluidiques de la vie générale.

De quelque nature et qualité qu'elle soit, la mauvaise pensée d'un homme est d'abord représentée par une vapeur plus ou moins noire qui se dégage de lui ; — puis, la mise à exécution de l'intention noire fixe la mauvaise pensée dont elle dérive sur les fluides vitaux de l'individu, et cela d'une façon indélébile.

L'épreuve photographique et sa fixation ensuite par des acides, représente scientifiquement l'effet de la pensée et sa mise à exécution.

C'est donc précisément dans ces moments psychologiques que s'accomplit l'impression fluidique bonne ou mauvaise qui passe naturellement au débit ou crédit de l'avenir de chaque homme, les dettes ou créances dont il vient de se doter.

Toutes les affections fluidiques que les hommes ont portées au débit de leur existence générale doivent se payer ; c'est-à-dire se nettoyer par des faits et situations semblables en esprit à celles que ces mêmes hommes ont fait subir aux autres, et dans la voie desquelles ils se sont volontairement mis. — Cela doit se payer jusqu'à un point, un iota et un trait de lettre, — c'est le Maître qui a dit cela.

Un méchant ne peut donc faire aucun mal à un ou plusieurs membres de son prochain général qui est l'Humanité, si celui-ci ou ceux-là n'ont pas à leur débit un mal identique en principe commis par eux autrefois. Scientifiquement, cela veut dire, que rien ne peut se produire nulle part *sans un pôle positif et un pôle négatif*, le mal identique commis autrefois par celui qui va être victime est donc le pôle négatif de celui positif qui va l'opprimer. — C'est ce fait principal de la vie universelle s'appliquant à toute chose qui m'a fait libeller cette formule exacte de la fatalité relative, ainsi que l'énoncé du moyen certain de se rendre compte de ses causes.

Chaque fait qui se produit dans la nature porte en lui-même le jugement d'une cause qui existe; — quand l'homme demande de bonne foi à la nature la cause d'un fait, il lui est toujours répondu.

**
* **

En conséquence :

Celui qui veut mettre à exécution une mauvaise pensée qui s'est emparée de lui, devient le pôle positif de la plus ou moins méchante action qu'il veut commettre; celui qui va en souffrir devient la victime, ou plutôt le pôle négatif de ce mouvement à la fois destructeur et réparateur. — La mauvaise action accomplie représente la troisième personne de cette minime partie de la fatalité relative, elle sert à acquitter d'autant le compte de la ou des victimes, et s'inscrit en même temps au débit du ou des coupables, en altérant plus ou moins profondément leurs fluides vitaux.

Le mal universel résultant de l'avancement plus ou moins grand des individus composant les sociétés humaines grandes ou petites, se modifie donc peu à peu par lui-même, au fur et à mesure de la civilisation et de l'adoucissement des mœurs des populations, dont les directeurs momentanés traitent de mieux en mieux les déshérités de la vie générale qui les entourent ; — c'est-à-dire ceux qui ont le malheur d'avoir un débit plus ou moins lourd à acquitter.

Logiquement, il est naturel de penser qu'il en est de même en sens inverse pour chacune des variétés du bien, accomplies tout le long de la vie générale.

Par conséquent :

De même que les souffrances de la vie générale subies par chacun des hommes diminuent d'autant leur débit au grand livre de leur Esprit universel; de même, le bien relatif accompli par eux au moyen du travail et de toutes les bonnes relations sociales qu'il engendre, augmente d'autant leur crédit dans la même comptabilité.

En un mot :

Le sort de chacun des êtres des deux sexes dans l'Humanité, est construit avec le bien et le mal qu'il a accompli dans les générations précédentes ; — cette formule représente exactement l'ostéologie complète sans cesse modifiée et même renouvelée, du squelette général des destinées humaines.

Destinées absolument individuelles, mais qui ne peuvent progresser dans de bonnes conditions que collectivement.

I.

Le péché originel, ou, c'était écrit.

Chacun des faits qui se produisent dans l'existence d'un homme, sont amenés et préparés avec un art infini par toutes les circonstances de sa vie ; — cette observation générale a fait dire à la sagesse des âges que : **l'homme s'agite, mais Dieu le mène.**

Les circonstances infimes de la vie qui forment peu à peu les grands événements de l'existence humaine, sont précisément le tissu de sa destinée présente, que l'homme a tissé jour par jour dans sa précédente épreuve.

C'est de là que vient le fatalisme oriental qui fait prononcer aux Arabes le fameux **c'était écrit**, après chacun des accidents ou des bonnes chances qui leur arrivent.

Mais celui qui ne résiste pas, en pensant que le **c'était écrit** rend tout inutile, se trompe étrangement, car il se prépare une existence encore plus malheureuse que la présente.

En résumé.

Moins un homme a su résister aux tentations du mal, plus il démontre par là qu'il a besoin de souffrir pour progresser, c'est-à-dire pour fortifier ses fluides constitutifs : — en conséquence, son avenir est très naturellement et proportionnellement chargé de dettes à acquitter ; de là vient le proverbe maçonnique :

Qui paye ses dettes s'enrichit.

**
* **

La situation fluidique plus ou moins maladive de chacun des membres de l'Humanité à sa naissance, a été appelée *le péché originel* par les grands législateurs de l'antiquité. — La cabale judaïque a corrompu également cette grande pensée des premiers législateurs de l'Humanité, en travestissant et incriminant l'acte de chair du soi-disant premier homme séduit par sa compagne.

Laissons de côté (*comme étant indigne de la Maçonnerie universelle*) la pourriture sociale des sectes religieuses judaïques qui ont passé mille ans à corrompre les paroles du maçon Moïse afin d'asservir les hommes par l'individualisme ; — laissons également de côté toutes les autres sectes religieuses qui ont peu ou beaucoup calqué leurs dogmes et pratiques religieuses sur les œuvres corrompues des prêtres judaïques. — Laissons tout cela, disons-nous, afin de constater plus librement le grand enseignement védique du *péché originel* dont nous venons d'étudier les causes pour ainsi dire matérielles.

Le péché originel de tous les êtres forme les sociétés, en annulant momentanément la liberté absolue que la Nature donne à l'homme; cette annulation partielle a lieu dans la limite exacte des fautes commises précédemment par lui.

Les fluides vitaux de chacun des êtres de la création représent donc une parcelle plus ou moins importante du G∴ A∴ D∴ l'U∴.

Depuis l'infusoire de la goutte d'eau qui est un principe de vie, — on peut voir partout les infiniment petits enfants du G∴ A∴ D∴ l'U∴ qui a le feu et l'eau pour principe : — Comme exemple, en regardant une glace sans tain qui a la pleine lumière de l'atmosphère du côté opposé, on peut voir grouiller des milliers d'infusoires.

Yezeus Krîstna a dit à ce sujet :

« *La goutte d'eau renfermant un principe de vie que la chaleur féconde, peut devenir un Dieu.* »

Chacune des parties infinitésimales de l'esprit universel peut donc à force de transformations devenir un Dieu, c'est-à-dire un homme supérieur (1).

Cette loi de progression implique inévitablement la solidarité proportionnelle qui existe en droit entre tous les indivi-

---

(1) N'est-il pas écrit dans votre loi :
J'ai dit, vous êtes des Dieux.
(Jean, X, 34).

dus des trois règnes de la Nature ; c'est dans la mise à exécution proportionnelle de cette solidarité générale que la science sociale existe tout entière.

La religion des collectivités, dans laquelle chacun des pères de famille d'une société est appelé à administrer les intérêts généraux de cette même société dans la proportion exacte de ceux qu'il y représente, constitue par ce simple fait, la seule organisation capable de réglementer par elle-même la solidarité générale des membres ou parties du grand Architecte de l'univers.

J.

La Justice distributive.

De par les principes naturels esquissés ci-dessus, d'une génération à l'autre, la richesse matérielle est exclusivement l'esclave de la richesse morale dans toute la Nature.

Il est donc extrêmement facile de comprendre que l'avenir heureux ou malheureux des sociétés d'hommes qu'on appelle nations, doit être exactement proportionnel à la quantité des impuretés de conduite dont la masse des fluides de leurs habitants est diversement saturée, comparativement avec la qualité et la valeur des fluides humains de leurs populations, qui se sont purifiées par le travail et la bonne conduite.

De là l'urgence de l'éducation et de l'instruction générale, ainsi que des institutions morales dans une société.

La mutualité pratique qui intéresse chacun à se bien conduire, est donc l'élément indispensable au bonheur et à la force des sociétés humaines.

Lorsque la raison, la logique, enfin la science universelle a appris ces choses à un citoyen civilisé, il lui devient impossible de ne pas croire à la solidarité des divers et multiples intérêts des hommes, ainsi qu'à *l'unité* de la loi générale du bien et du mal qui régit toute chose.

Tout ce qui se conduit mal, homme ou société, est déjà maladif par le fait même de sa mauvaise conduite, et par conséquent, ne dure pas longtemps, en tant que corps constitué ; — chacun a observé bien des fois dans sa vie la mort ou la ruine prématurée d'hommes ayant une conduite déréglée.

Celui qui n'écoute pas ma parole a déjà qui le juge, a dit le Maître.

De même que les guerres, invasions et révolutions ont emporté logiquement les gouvernements noceurs et exploiteurs des populations ; — l'organisation collective (*qui intéresse les hommes à pratiquer le bien dans toutes leurs relations avec le prochain*) représente fatalement les éléments préparateurs du bonheur individuel des hommes et des sociétés.

K.

Les enseignements maçonniques du charpentier Jésus.

Le Maître en toutes les sciences a précisé ainsi la part dans les richesses universelles qui appartient maçonniquement à chacun des hommes suivant son degré d'avancement sur la chaîne d'union du grand Architecte, ainsi que la non jouissance momentanée de cette part, dont sont punis ceux qui ne se sont pas bien conduits :

« *Si donc vous n'avez pas été fidèles dans les richesses injustes qui vous confiera les véritables richesses ?* »

« *Et si vous n'avez pas été fidèles dans ce qui est à autrui, qui vous donnera ce qui est à vous ?* »

(Luc., chap. XVI, versets 11 et 12.)

Cette sublime parole nous enseigne, que la propriété des biens matériels de la terre étant les fruits du travail universel, elle appartient naturellement à toutes les parties du grand Architecte, et cela, proportionnellement au quantum apporté par chacune d'elles dans le cours de ses multiples et innombrables existences.

En conséquence :

Les biens matériels que chacun possède en jouissance momentanée, n'impliquent nullement l'importance de la part qui — *est réellement à lui*, par le rang qu'il occupe sur la chaîne spirituelle d'union symbolique du grand Architecte ; — non, la part des biens matériels que chacun possède dans la vie corporelle indique purement et simplement la qualité exacte de son existence précédente.

*
* *

Mais, lorsque l'homme a mérité une existence riche ou aisée par le courage qu'il a montré dans des circonstances difficiles, puis oubliant les leçons du passé il se remet à la pratique exclusive des jouissances matérielles et du despotisme contre ses semblables (*comme cela arrive souvent*), il retourne fatalement à la portion congrue, lorsqu'il a terminé le temps de la jouissance momentanée que lui avait acquis sa bonne conduite précédente.

Le maçon Jésus nous a initié à cette situation de la punition ou de la récompense de chacun, immédiatement après la fin de son existence de fortune, qui est généralement la septième existence ou lumière périodique.

« *Mais qui est le dispensateur fidèle et prudent, que le Maître a* « *établi sur ses domestiques, pour leur donner dans le temps la me-* « *sure ordinaire de blé.* »

« Heureux est ce serviteur-là que son maître trouvera faisant
« ainsi son devoir, quand il arrivera ! »

« Je vous le dis en vérité qu'il l'établira sur tout ce qu'il a. »

« Mais si ce serviteur dit en lui-même : Mon maître ne viendra
« pas si tôt, et qu'il se mette à battre les servantes et les serviteurs,
« à manger, à boire, à s'enivrer (j'ajoute et cela y était sans
« doute), au lieu de travailler consciencieusement à exécuter le plan
« du grand Architecte. »

« Le maître de ce serviteur viendra au jour où il ne s'y attend
« pas, et à l'heure qu'il ne sait pas, **et il le séparera**, et lui don-
« nera sa portion avec les infidèles. »

Voilà une instruction spéciale pour les plus savants, c'est-
à-dire les plus avancés dans la vie universelle :

« Le serviteur qui a connu la volonté de son maître, et qui ne se
« sera pas tenu prêt et n'aura pas fait cette volonté, sera battu de
« plus de coups. »

(Chap. XII de Luc.)

Ce dernier verset signifie que :

Plus un Maçon du grand Architecte est élevé spirituellement, plus il doit descendre l'échelle du progrès indéfini pour
avoir obéi aux tentations matérielles; — il s'ensuit que, —
l'homme déjà élevé qui a noirci ses fluides par des pratiques
indignes, est infiniment plus brûlé qu'un autre par le feu
inférieur dont il s'est saturé, c'est-à-dire qu'il est fatalement
battu de plus de coups, comme le dit si spirituellement le
grand Philosophe numérique de la Nature.

L'ensemble de l'enseignement ci-dessus démontre lumineusement, qu'il est toujours temps pour le riche en fortune
ou en talents de se repentir et de rentrer dans des pratiques
en harmonie avec les lois de la Nature.

Il ne faut pourtant pas que cela arrive trop tard, c'est-à-dire
quand les fluides spirituels n'ont pour ainsi dire plus d'action

sur les gaz du corps; — car, dans ce cas, l'on dit des re-
pentis.

« *Quand le diable devient vieux, il se fait ermite.*

La morale de la jeunesse des diables qui se font ermites
quand ils sont vieux a été fort justement définie par ces mots
de Scribe, extraits du livret de son opéra de *Robert le Diable.*

> « *Oui, chaque faute est un plaisir,*
> « *Et l'on a pour s'en repentir*
> « *Le temps où l'on n'en peut plus faire.* »

L.

La responsabilité proportionnelle.

L'esprit entier de l'initiation à la pratique des sept lumières
du grand Architecte est contenu dans les conditions de punitions et récompenses des hommes, qui forment harmonieusement la marche d'ensemble de toutes les sociétés humaines
dans chacune des variétés du bien et du mal.

C'est ici qu'il y a lieu d'observer les nuances générales qui
existent entre la marche du progrès des individus et celui de
l'ensemble des sociétés.

Le progrès général de l'humanité marche toujours d'une
façon indiscontinue, parce que, toutes les deux existences au
plus de chacun des hommes, un progrès certain, palpable
c'est-à-dire appréciable, s'est produit en lui par les épreuves
contenues dans les lumières qu'il vient de traverser.

Tandis que les hommes et les sociétés prises en particulier,
représentent parfois les plus désolants spectacles de la corrup-

tion des mœurs et des relations sociales entre les individus et les familles qui les composent.

Je ne sais plus qui a prononcé à ce sujet cette belle parole :

« *Quoi qu'il arrive, Dieu ne perd jamais rien.* »

La vérité de cet axiome est représentée partout dans la Nature, depuis les plus vils excréments animaux que le feu et l'eau tranforment en légumes ou céréales jusqu'au progrès moral le plus élevé, qui ressort parfois des actes d'autorité les plus monstrueux des gouvernants des sociétés humaines.

Par ces motifs,

L'initiation à la pratique des sept lumières périodiques a besoin d'être bien précisée devant les yeux des hommes de bonne volonté.

C'est encore le grand initiateur du troisième degré symbolique qui va me fournir, pour le faire, des éléments aussi incisifs et tranchants dans l'ordre moral, qu'une lame d'épée bien effilée l'est dans l'ordre matériel.

Similitude des talents.

« 14. *Car il en est comme d'un homme qui, s'en allant en* « *voyage, appela ses serviteurs et leur remit ses biens.*

« 15. *Et il donna cinq talents à l'un, à l'autre deux; et à l'autre* « *un; à chacun selon ses forces; et il partit aussitôt.*

« 16. *Or, celui qui avait reçu cinq talents s'en alla et en trafi-* « *qua; et il gagna cinq autres talents.*

« 17. *De même que celui qui en avait reçu deux en gagna aussi* « *deux autres.*

« 18. *Mais celui qui n'en avait reçu qu'un s'en alla et creusa* « *dans la terre, et y cacha l'argent de son maître.*

« 19. *Longtemps après, le maître de ces serviteurs revint, et il* « *leur fit rendre compte.*

« 20. Alors celui qui avait reçu cinq talents vint et présenta cinq
« autres talents et dit : Seigneur, tu m'avais remis cinq talents, en
« voici cinq autres que j'ai gagnés de plus.

« 21. Et son maître lui dit : Cela va bien, bon et fidèle servi-
a teur ; tu as été fidèle en peu de choses, je t'établirai sur beau-
« coup ; entre dans la joie de ton seigneur.

« 22. Et celui qui avait reçu deux talents vint et dit : Seigneur,
« tu m'as remis deux talents, en voici deux autres que j'ai gagnés
« de plus.

« 23. Et son maître lui dit : Cela va bien, bon et fidèle servi-
« teur ; tu as été fidèle en peu de choses, je t'établirai sur beaucoup ;
« entre dans la joie de ton seigneur.

« 24. Mais celui qui n'avait reçu qu'un talent vint et dit : Sei-
« gneur, je savais que tu étais un homme dur, qui moissonne où
« tu n'as pas semé et qui recueille où tu n'as pas répandu.

« 25. C'est pourquoi, te craignant, je suis allé et j'ai caché ton
« talent dans la terre ; voici, tu as ce qui est à toi.

« 26. Et son maître lui répondit : Méchant et paresseux servi-
« teur, tu savais que je moissonnais où je n'ai pas semé, et que je
« recueillais où je n'ai pas répandu.

« 27. Il te fallait donc donner mon argent aux banquiers, et à
« mon retour j'aurais retiré ce qui est à moi avec l'intérêt.

« 28. Otez-lui donc le talent et le donnez à celui qui a dix talents.

« 29. Car on donnera à celui qui a, et il aura encore davantage ;
« mais à celui qui n'a pas, on lui ôtera même ce qu'il a.

« 30. Jetez donc le serviteur inutile dans les ténèbres de dehors ;
« c'est là qu'il y aura des pleurs et des grincements de dents. »

EXPLICATION

Le maître qui remet ses biens à ses serviteurs est l'esprit
universel concourant au moyen de ses parcelles à chacune
des naissances corporelles de l'Humanité.

Ceux des hommes qui reçoivent davantage de talents en

naissant sont ceux qui sont plus intelligents que les autres, c'est-à-dire un peu plus âgés qu'eux dans la vie éternelle ou ayant, présentement, une meilleure position fluidique, ce qui comporte une meilleure position sociale.

Ceux qui font mieux valoir leurs talents dans la vie sont généralement les plus avancés des hommes, et ceux qui les font moins valoir sont ceux qui progressent plus lentement.

L'esprit universel qui ôte le talent à celui qui n'a pas progressé, représente l'image du malheur constant qui atteint beaucoup d'hommes dans toutes les situations de la vie courante; — ces hommes se plaignent des rigueurs du sort et de leur manque de chance, ne se souvenant pas qu'ils ont mérité par une ou plusieurs mauvaises existences de perdre momentanément ce qui leur appartient.

Dans cette magnifique similitude, les ténèbres du dehors représentent l'existence des damnés unie à celle des esprits inférieurs, qui froissent et font souffrir constamment celui qui a rendu ses fluides sympathiques avec les leurs.

La philosophie numérique formant la base d'instruction des trois degrés maçonniques, représente complètement, comme on le voit, la comptabilité en partie double de la vie éternelle de toutes les parcelles du feu universel formant le tout infini du grand Architecte de la Nature.

M.

L'avoir général des parties du grand Architecte.

L'avoir général résultant du progrès social accompli par toutes les parties du grand Architecte de l'univers dans leurs innombrables lumières septennaires, a été appelé *le fils de l'homme* par le continuateur de l'esprit de la Maçonnerie antique, qui est le compagnon maçon Jésus de Nazareth.

Le fils de l'homme est l'esprit collectif des relations sociales, c'est lui qui règne sans partage au ciel où la lumière éclaire tous les hommes, parce qu'ils ne ressentent point alors les besoins matériels du corps.

Le fils de l'homme est ainsi nommé, — parce que c'est l'homme qui l'a créé peu à peu à la suite de toutes ses innombrables existences de souffrances et de luttes contre la matière.

Le fils de l'homme représente le bonheur collectif des hommes se soutenant les uns les autres par la mutualité, au moyen du règne des collectivités.

Le fils de l'homme régnera bientôt sur toute la terre, car nous sommes à la fin du vieux monde de l'individualisme.

*
* *

Chacune des paroles du frère Jésus avait le règne des collectivités pour but ; je pourrais donc étudier les unes après les autres toutes les paroles du grand Philosophe de la Nature et en faire ressortir les multiples enseignements du thème éternel de l'Humanité ; — mais, comme cette étude peut être continuée par tout le monde, je crois devoir la terminer par la remarquable similitude maçonnique que le frère Jésus a dû prononcer à sa réception au degré symbolique de compagnon, — au moment même où l'on questionne les aspirants à ce grade sur l'existence de Dieu.

La parabole suivante est celle qui a été la plus falsifiée par les premiers Pères du catholicisme, lorsque le faux apôtre saint Paul eut décidé, à l'exemple du brahmanisme et du judaïsme, d'accentuer partout la divinité du Christ, — de façon à pouvoir lui donner un représentant sur la terre dans la personne d'un pape ; — afin d'établir les royautés temporelles au moyen d'une solide base ayant l'apparence spirituelle.

N.

La parabole maçonnique du Christ.

L'explication historique et pratique des lois naturelles de la transmigration des êtres qui est détaillée dans la présente conclusion, facilitera beaucoup mes lecteurs à comprendre toute la portée de la parabole la plus maçonnique des Evangiles, dans laquelle le frère Jésus explique lumineusement les rapports et conséquences intimes qui existent entre le fils de l'homme, qui est le règne des collectivités et le grand Architecte de l'univers, qui est l'étoile de l'Humanité dont tous les rayons, cela veut dire toutes les parcelles, sont solidaires les unes des autres.

Je vais donc dégager la grande parabole des falsifications sacerdotales, — en la reproduisant à peu près telle qu'elle est tombée des lèvres du sublime réformateur, dans une des loges de Jérusalem où il a été reçu compagnon maçon.

Similitude du fils de l'homme.

« *Or, lorsque le fils de l'homme viendra habiter définitivement sur la terre dans toute sa puissance, ses adhérents occuperont les hautes positions; alors le fils de l'homme règnera dans toute sa gloire.* »

« *Et toutes les nations viendront se soumettre peu à peu à ses lois, et il sépara les bons d'avec les autres pour leur donner les directions publiques.* »

« *Et il mettra les bons, les justes et les bienveillants en puissance, et les mauvais et injustes* (cela veut dire les individualistes) *dans les positions subordonnées, et cela par le simple poids moral de chacun d'eux.* »

« *Alors, le fils de l'homme dira à ceux qui seront attirés à lui par le côté du cœur, venez posséder en héritage tous les biens du grand Architecte de la Nature, qui ont été préparés par vous-même depuis le commencement des civilisations humaines.* »

« *Car j'ai eu faim, et vous m'avez donné à manger ; j'ai eu soif et vous m'avez donné à boire ; j'étais étranger et vous m'avez recueilli.* »

« *J'étais nu, et vous m'avez vêtu ; j'étais malade, et vous m'avez visité ; j'étais en prison, et vous m'êtes venu voir.* »

« *Alors les justes lui répondront : Seigneur, quand est-ce que nous t'avons vu avoir faim et que nous t'avons donné à manger ; ou avoir soif et que nous t'avons donné à boire ?* »

« *Ou quand est-ce que nous t'avons vu malade ou en prison, et que nous sommes venus te voir ?* »

« *Et le grand Architecte de la Nature leur répondra par la voie du fils de l'homme : — Je vous le dis en vérité, qu'en tant que vous aurez fait ces choses à l'une des plus petites de mes parcelles, vous les aurez faites à l'ensemble qui est moi-même.* »

« *Ensuite, le grand Architecte dira à ceux qui auront toujours pratiqué ses maximes par le côté inflexible du droit du plus fort :* »

Retirez-vous de moi et allez brûler dans des existences inférieures, qui sont préparées par mes lois pour amender les injustes. »

« *Car j'ai eu faim, et vous ne m'avez pas donné à manger ; j'ai eu soif, et vous ne m'avez pas donné à boire.* »

« *J'étais étranger, et vous ne m'avez pas recueilli ; j'étais nu, et vous ne m'avez pas vêtu ; j'étais malade et en prison et vous ne m'avez pas visité.* »

« *Et ceux-là répondront aussi : Seigneur, quand est-ce que nous t'avons vu avoir faim, ou soif, ou être étranger, ou nu, ou malade, ou en prison, et que nous t'avons point assisté ?* »

« *Et il leur répondra par la voix du fils de l'homme : — Je vous dis en vérité, qu'en tant que vous aurez repoussé le règne des collectivités, et que, par conséquent, vous êtes la cause que ces choses n'ont pas été faites aux plus humbles de mes parcelles, c'est exacte-ment comme si vous ne l'aviez pas fait non plus à l'ensemble des forces de la Nature qui est moi-même. »*

« *Alors, ces derniers iront passer des existences éternelles de peines chez des peuples où existe le règne du droit qu'ils ont pratiqué; mais les justes s'en iront vivre sous le règne du fils de l'homme. »*

Première instruction. — Le principe de la justice distributive du grand Architecte de l'univers et du fils de l'homme qui est, si je puis m'exprimer ainsi, son premier ministre, puisqu'il est l'organisateur général des intérêts des hommes, — est mis tous les jours en pratique sous le règne général de l'iniquité, par la répartition fatale de toutes les nuances du bonheur et du malheur dans la vie générale; — mais la répartition des biens et des maux sera infiniment plus équitable lorsque le règne des collectivités aura été complètement adopté par les nations les plus avancées d'Europe.

A ce moment, les boucs de l'égoïsme individuel qui em-pestent les sociétés, ne pourront plus vivre dans le nouveau milieu social si différent et si opposé à leur naturel. — Alors, de par la force de la loi de répulsion et d'attraction, les hom-mes égoïstes iront vivre chez les peuples d'un rang inférieur à celui occupé par ces méchants dans la vie universelle, — afin qu'ils puissent aider à leur civilisation et regagner, par ce moyen, leurs rangs dans l'humanité qu'ils ont momenta-nément perdu par les motifs ci-dessus.

C'est là l'instruction essentielle, que nous offre au premier examen la grande similitude maçonnique, que le frère Jésus nous a léguée par-dessus les siècles qui nous séparent de lui.

Deuxième instruction. Le fils de l'homme, véritable roi de l'univers, a toujours les individualistes à sa gauche.

Les individualistes ont donc le fils de l'homme à leur droite, parce que le côté droit du corps humain est le côté du mal et des maladies ; — le côté droit est le moins fort et le moins bon de l'homme ; — ainsi que je l'ai dit plus haut, 90 fois sur 100 au moins la paralysie se produit du côté droit, — en plus, lorsque nous avons un œil moins bon et moins vivace que l'autre, c'est au moins 90 fois sur 100 l'œil gauche qui voit mieux que le droit, etc.

Les mauvais, c'est-à-dire, ceux qui ont plus ou moins donné à leurs fluides l'odeur du bouc par leur conduite matérielle, ont donc jeté à droite les devoirs collectifs, c'est-à-dire du côté opposé à celui du cœur, en ayant toujours le droit écrit à la bouche pour opprimer plus facilement leurs semblables.

Le jour du jugement dernier (*qui est celui de la mort pour chacun de nous*) les mauvais ont donc le côté droit tourné du côté du fils de l'homme, tandis que ce dernier, ayant besoin de beaucoup plus de bonté à employer pour ramener les mauvais au bien dans leurs prochaines existences de douleurs, les met symboliquement à sa gauche, c'est-à-dire du côté de son cœur.

Les bons, au contraire, ont le fils de l'homme du côté de leur cœur parce qu'ils l'ont aimé et ont pratiqué ses maximes ; — le fils de l'homme a donc les bons à sa droite en signe du droit qu'ils ont acquis à la jouissance pleine et entière de leurs parts dans les richesses universelles, relativement à leur âge dans la vie éternelle.

Les devoirs collectifs donnent à boire et à manger à tout le monde par l'organisation du travail et des intérêts, puis, par les assurances mutuelles, — c'est pourquoi le fils de l'homme, représentant de l'esprit universel, récompense les hommes qui ont rempli les devoirs collectifs que leur imposent les lois de la Nature; — c'est-à-dire que les hommes qui se sont bien conduits sont tout naturellement récompensés plus ou moins par l'état dans lequel ils ont mis leurs fluides.

Mais ceux qui seront à la gauche du fils de l'homme, ayant privé de boire et manger un grand nombre de leurs frères en soutenant et pratiquant le sauvage système social de l'individualisme, seront jetés au feu éternel, c'est-à-dire que :

Pendant leur prochaine existence ils souffriront plus ou moins toutes les tortures possibles; — en effet, par la loi de **l'assimilation des semblables**, ils seront obligés de redescendre un ou deux échelons de la vie éternelle pour vivre avec des êtres et dans des centres inférieurs, qui seront en harmonie exacte avec l'état de puanteur et de décomposition dans lequel ils auront mis les fluides dont leur part de l'esprit universel est formée, ou plutôt entourée.

O.

Explications complémentaires.

La loi éternelle de répartition, si bien expliquée scientifiquement dans les trois paraboles ci-dessus reproduites et commentées, nous conduit à observer que :

1° D'une existence à l'autre, l'homme passe à la situation sociale qui convient exactement à son état actuel de pureté ou d'impureté résultant de la qualité de sa dernière épreuve corporelle.

2° L'ensemble des destinées humaines forme exactement les qualités ou les défauts des sociétés.

Ce grand fait psychologique constitue la base de chacun des mouvements et des pérégrinations de l'homme et des sociétés tout le long de la vie éternelle.

Les hommes qui sont sourds aux suggestions généreuses de

la Nature sont fatalement destinés, de par la loi de répartition, à endurer au moins une existence de souffrance.

Cette existence leur est utile, ils ne peuvent l'éviter, je dirai plus, **ils ne peuvent pas s'en passer.**

C'est à ce sujet si émouvant qu'il a été dit :

« *Car le cœur de ce peuple est appesanti : ils ont ouï dur de leurs oreilles ; ils ont fermé les yeux, afin qu'ils n'aperçoivent pas de leurs yeux, et qu'ils n'entendent pas de leurs oreilles, et qu'ils ne comprennent pas du cœur, et qu'ils ne se convertissent pas et qu'ils ne se guérissent pas.* »

*
* *

Le règne des collectivités obligeant pour ainsi dire tous les hommes à accomplir le bien, par la raison qu'ils n'ont plus aucun intérêt à faire le mal, facilitera naturellement l'arrivée de chacun des hommes dans la position sociale qui convient exactement à son âge dans la vie générale.

De là, l'harmonie et le bonheur universels s'affirmant de plus en plus à chaque génération du règne des collectivités.

Sous le règne de l'individualisme pur, au contraire, les hommes les plus intelligents sont naturellement portés à opprimer les plus inintelligents qui ont moins de moyens de défense et d'attaque qu'eux, en les courbant sous la servitude des corporations gouvernantes.

Il s'ensuit qu'après chaque génération, beaucoup d'esprits déjà élevés, mais dévoyés, sont fatalement plongés dans des épreuves abjectes qu'ils ont mérité par la corruption dont ils ont saturé leurs fluides vitaux, en étant sensuels, c'est-à-dire injustes envers leurs semblables.

Par ce moyen :

Chaque génération de l'individualisme voit peu à peu disparaître les hommes supérieurs du sommet des sociétés. — Les intelligents sont naturellement remplacés peu à peu par les natures rudimentaires, qui sont devenues débonnaires par les souffrances et les misères que les plus malins leur ont longuement imposées autrefois, au moyen des servitudes de toutes sortes.

Le festin des noces est prêt, mais ceux qui étaient invités n'en étant pas dignes; allez donc dans les carrefours des chemins et invitez aux noces ceux que vous trouverez.

(MATTHIEU, chap. XXII.)

Arrivées aux directions sociales, les natures inférieures se corrompent encore plus facilement que celles plus élevées, alors le désordre des mœurs n'a plus de bornes. — La génération des cocottes et des petits crevés, par exemple, a été acquise par les sociétés modernes au moyen de ce résultat fatal du règne sauvage de l'individualisme pur, dont le fonctionnement délétère bouleverse forcément et momentanément l'ordre des rangs dans la société.

L'individualisme amène donc périodiquement aux sommets de toutes les classes, la partie la plus débonnaire de la vase du fleuve de la vie générale, dont la place devrait être (*il est vrai*) aux sommets des bas-fonds, mais non pas aux sommets des surfaces sociales.

Par ces courtes démonstrations de la marche rationnelle des lois de la Nature, il devient facile de comprendre que : — les sociétés de l'individualisme pur marchent fatalement aux cataclysmes et à la désagrégation, en glissant sur les pentes dangereuses qui les conduisent tout droit à la corruption de plus en plus accentuée des mœurs, aux guerres malheureuses, ainsi qu'aux révolutions et invasions qui sont la conséquence du déclassement général.

Puis aux ruines de toute nature, et enfin à la transformation complète **dont les hommes sérieux craignent les convulsions pour un prochain avenir.**

LES TROIS ÉPOQUES CRÉATRICES DU MONDE ACTUEL

> Celui qui connaît mes commandements et qui
> les garde, c'est celui qui m'aime, et celui qui
> m'aime sera aimé de mon père; — et je l'aimerai,
> et je me ferai connaître à lui.
>
> JEAN, XIV, 21.

Λ.

La science des créations.

Chacune des créations de la Nature se construit au moyen
du principe trinitaire ; — les directions sociales du monde ont
donc suivi et suivent encore, comme toute chose, l'esprit
reproducteur représenté par les trois faces du triangle maçonnique.

* *
*

La philosophie numérique de l'histoire sociale du monde,
reproduite entre autres par Court de Gébelin d'après San-Ko-
Nia-'Thon, nous a appris comme il a été expliqué plus haut
page 54 et suivantes de ce chapitre, comment le premier
monde gouverné, qui a été symbolisé sous la figure d'Hyp-
sistus ou le Très-Haut, fut détruit par une formidable insurrection appelée celle des Titans :

Cette sanglante tentative d'escalade sociale forma la clôture
de la dernière face ou troisième personne de l'évolution trinitaire des peuples primitifs, évolution placée entre leur état

sauvage qui a suivi l'ancêtre de l'homme, et celle que San-Ko-Nia-Thon appelle le mariage du ciel, qui s'appelait Uranus ou le destin, avec la terre nommée Ghée ou la destinée; — l'honnête et savant Moïse a appelée cette dernière période sociale des peuples primitifs, l'ALLIANCE.

L'évolution trinitaire qui a suivie celle des peuplades primitives doit prendre historiquement le nom de *directions sociales du monde*, évolution dans laquelle nous vivons encore et dont la troisième personne, qui est le fils de l'homme, se prépare à venir régner sur l'Humanité.

..

Le symbole des Titans de la fin du monde primitif représente les chefs des hordes guerrières qui voulaient, poussés par l'orgueil, conquérir le gouvernement de l'une des trois premières races (*probablement celle sémitique*), que la Genèse symbolise à son tour sous les noms de Sem, Cham et Japhet.

Comme il a été expliqué plus haut d'après le symbole de la création dans la Genèse, les trois premières races civilisées du monde primitif formèrent une grande union nationale qui a constitué la longue et bienheureuse époque collective, appelée le Paradis terrestre par tous les historiens connus de l'extrême antiquité.

L'union nationale des trois grandes races de l'Humanité organisa naturellement le règne des pères de famille, puisque ce règne existait déjà depuis le commencement du monde civilisé, mais à l'état isolé, c'est-à-dire au sein de chacune des tribus légendaires; — ces tribus n'étaient autres que de grandes, nombreuses et antiques familles patriarcales, dont le symbole d'Abraham (*patriarche qui est considéré à tort comme — étant matériellement le père du peuple hébreu*) nous donne un exemple exact :

Ces tribus ou patriarcats occupaient chacune des parties différentes de territoires depuis les temps les plus réculés, on pourrait même dire depuis de longues éternités.

Les divers et multiples produits du sol, des eaux ou des mines, avaient donné peu à peu des spécialités industrielles différentes à chacune des peuplades patriarcales du monde primitif, puis, le commerce continua petit à petit à les fédérer par l'échange des objets de leur fabrication agricole, pastorale et industrielle.

La longue guerre révolutionnaire symbolisée sous les noms de : Les Titans précipités du ciel.

Ou bien encore, les anges orgueilleux déchus, puis chassés du ciel et précipités dans les enfers, n'ayant pu réussir à briser le pouvoir des tribus professionnelles légendaires et à régner sur elles ; ces dernières se fédérèrent prudemment et complètement, par races d'abord ; — enfin, elles formèrent ensuite la forte union nationale des trois races primitives symbolisée dans la Genèse.

Comme on le voit, avant la venue définitive du fils de l'homme, rien d'important ne peut arriver socialement dans le monde sans guerres, invasions et révolutions ; — en un mot, de même que dans l'Humanité, aucune organisation, soit bonne, soit intermédiaire, soit mauvaise ; ne peut être socialement accouchée dans notre monde inférieur, sans de grandes et parfois terribles douleurs.

Ou mieux encore ; — on n'a jamais vu un homme débauché changer d'habitudes avant la venue de la maladie que sa mauvaise conduite lui a innoculée peu à peu.

Il en est malheureusement de même des sociétés.

La première époque sociale de ce monde.

La fédération des tribus agricoles et industrielles du monde d'Adam et Ève, établit donc universellement dans toutes les Indes (1) le sublime règne de l'esprit directeur de la Nature, qui est celui de la famille, et partant du travail avec ses intérêts organisés.

Ce règne étant celui de la première face du triangle maçonnique qui est le père, septâs ou vénérable (*c'est-à-dire le possesseur ou directeur des sept lumières universelles*) il représente par conséquent le règne de tous par tous ou des collectivités.

Le règne de tous par tous constitue la perfection gouvernementale, il fonctionne naturellement par la pratique générale de toutes **les mutualités et réciprocités**, qui fécondent les sociétés du bas jusqu'en haut, du centre aux extrémités et des extrémités aux centres, le tout à l'image du sang dans le corps humain.

L'organisation de la mutualité qui crée celle de toutes les réciprocités, fonda **la solidarité** générale des intérêts producteurs de chacune des peuplades des trois races des Indes antiques, qui s'étaient unies dans ce noble but.

J'ai tracé brièvement plus haut, mais l'on racontera beaucoup plus longuement après moi, la merveilleuse civilisation de la première et longue époque sociale du monde, appelée celle du Paradis terrestre; — dont la riche et savante langue samscrite nous démontre irréfutablement la civilisation supérieure.

---

(1) Malgré les corruptions des langues mortes intermédiaires, le mot *industrie* vient bien et tout droit de celui d'*indus*.

*
* *

Le règne universel de la famille et du travail fonda naturellement la religion de la famille et du travail, culte maçonnique de la trinité du foyer, que la tradition grecque appelait les dieux Lares !

Les dieux Lares viennent simplement de la corruption du Brahma indien, qui est la branche principale de l'arbre universel représenté par les trois parties de l'Y, 25° consonne de l'alphabet samscrit (1); — chaque père de famille des trois races unies de l'époque bienheureuse était le prêtre du grand Architecte dans son foyer, ses dieux Lares étaient donc composés de lui, sa femme et ses enfants, tous parcelles du grand Architecte de l'univers, réunis par l'amour et l'amitié dans l'esprit de la famille.

J'ai expliqué plus haut, comment les colossales richesses des citoyens de l'époque Védique amenèrent le relâchement des mœurs, et comment le relâchement des mœurs fut la cause unique et fondamentale de la perte du Paradis terrestre pour l'Humanité primitive.

La révolution servile qui a clos la première et bienheureuse période sociale du monde actuel, a été vaincue en réalité par la grande loi d'harmonie des forces naturelles; — c'était déjà la loi d'harmonie naturelle qui avait fait vaincre autrefois les Titans chefs de bandes armées par les tribus professionnelles du monde primitif, qui craignaient le pillage des épargnes qu'elles possédaient.

Par la même loi de l'harmonie des forces réunies, — les

(1) A l'époque du paradis terrestre, nos croix des cimetières étaient des Y en bois, pierre ou marbre suivant la situation sociale de celui dont elles couronnaient les cendres, — les couronnes funéraires étaient suspendues aux branches du haut de la lettre sacrée; — l'Y représentait donc l'oméga de la vie comme celui de l'alphabet.

races patriarcales qui venaient de vaincre les peuplades guerrières soulevées, — organisèrent un gouvernement à leur
image, c'est-à-dire patriarcal, afin de rendre les révolutions
impossibles dans l'avenir et garantir par ce moyen leurs épargnes familiales des pillages et incendies qui déshonorent toujours les guerres civiles.

Je reviens à la révolution servile de la fin de l'époque Védique et je dis :

Les chefs Brahmanes et les Maharchis des races supérieures prirent naturellement les principes de la religion de
l'esprit de la famille pour étiquette gouvernementale, car ces
principes étaient tellement incrustés depuis des éternités dans
les coutumes de toutes les peuplades des trois races, qu'il eût
été fort dangereux, mais surtout inutile et maladroit de les
changer si peu que ce soit.

Les moyens de gouvernement de la très longue époque
Brahmanique furent donc exclusivement sociaux dès le début et longtemps encore ensuite, tant pour le motif indiqué
ci-dessus, que pour calmer les craintes de la masse des peuplades de toutes les provinces des deux presqu'îles séparées
par le Gange, peuplades qui étaient justement effrayées pour
leurs libertés sociales par les grandes armées formées peu à
peu pour vaincre la révolution servile ; — puis licenciées petit
à petit seulement, afin de maintenir les derniers groupes me-
naçants des Tchandalas répandus et rejetés de plus en plus
dans les campagnes les moins fertiles.

Les moyens de gouvernement des Indes Brahmaniques
et royales, qui représentent exactement le règne de la matière,
ont donc été exactement les mêmes au début que ceux de l'é-
poque Védique, avec cette seule et unique différence qui
comporte entièrement l'écart séparant le bien du mal, savoir :

Les directions gouvernementales des Indes de la décadence étaient occupées par une secte de fonctionnaires appelées Brahmanes, ou représentants de l'esprit de la famille; ces fonctionnaires-prêtres prirent peu à peu le lieu et place des pères de famille des tribus ou corporations professionnelles primitives, qui étaient les prêtres exclusifs de la religion du foyer des trois races de la première union nationale.

Cela signifie simplement que :

Le règne de quelques-uns remplaça naturellement celui de tous, par la force même des intérêts producteurs établis dans le règne bienfaisant des collectivités; intérêts affolés par la révolution servile qui les avaient menacés jusque dans leur existence.

Le règne du fils, qui est l'homme, remplaça donc par la force même des choses le règne du père qui est celui de tout le monde.

Malgré la logique accidentelle de ce fait, la loi de Nature fut violé par cet événement; — enfin, quoique représentant un mal nécessaire, le gouvernement de quelques-uns remplaçant celui de tous, constitua, malgré son urgence, un grand crime contre l'esprit créateur, — crime énorme que l'Humanité expie depuis les vingt-cinq à trente mille ans qui nous séparent des époques bienheureuses, au moyen de toutes les variétés du sauvage système social appelé **l'individualisme.**

B.

La loi de construction universelle.

EXPOSÉ.

De par la loi de construction, c'est-à-dire de création universelle, dont les multiples faces et phases sont étudiées dans ce volume, — les directions morales des sociétés constituent leurs diverses situations matérielles.

Les intérêts existants et la puissance de l'habitude rendent les changements dans les directions sociales fort difficiles ; voilà pourquoi les peuples courbés sous un despotisme adroitement établi au spirituel comme au matériel, sont des éternités sans pouvoir secouer le joug et ne peuvent (*en quelque sorte*) attendre leur rédemption que par les grands bouleversements, qui éclairent les populations à des distances plus ou moins éloignées au moyen des lueurs sinistres de leurs batailles et des incendies de leurs cités.

B 1.

La deuxième époque sociale de ce monde.

Ainsi qu'il a été dit plus haut.

L'établissement définitif des sectes sacerdotales comme principe du gouvernement des peuples, représente exclusivement l'œuvre de Manou, roi et législateur : — Manou fut surnommé le divin, le rénovateur de la race humaine détruite et le régénérateur de la société, car il organisa une nouvelle société individuelle sur les ruines de celle collective détruite par la longue révolution servile de la fin de l'époque Védique ; — par ce même motif Manou fut appelé le père par excellence des hommes ; — parce que (*dit le Rig-Véda*) c'est lui le premier qui ait sacrifié aux dieux individus, — c'est pour cela qu'il fut surnommé Váivasta ou le fils du soleil dans les plus anciennes légendes connues, dans les épopées et dans les Purânas. (PURÂNAS SIGNIFIE HISTOIRE SACRÉE.)

Ce titre de premier homme qui ait sacrifié aux dieux individus, indique bien clairement que c'est Manou l'Ancien qui a créé les règlements et l'organisation de la première religion sacerdotale, qu'il fit civile du même coup, puisqu'il la constitua comme étant le principe du gouvernement des intérêts matériels des trois grandes races du peuple primitif des Indes légendaires.

Le Manava-dharma-Sastra, qui est le code de Manou, est entièrement religieux dans les dix premiers livres, — il commence par la création du monde dont le mythe est exposé dans le livre premier, en continuant de déductions en proscriptions, par faire découler toutes les directions civiles des superstitions religieuses ; — le tout, — sous la direction des fonctionnaires à la fois temporels et spirituels qui étaient les brahmanes.

Dans ses derniers livres Manou arrive à la béatitude éternelle, dont il décrit les merveilles et qu'il promet sans aucune distraction à ceux qui auront accompli scrupuleusement sa loi sur la terre. — La meilleure traduction des lois Manou est celle de M. Loiseleur Delongchamps ; Paris, 1833.

La lecture de la traduction de M. Loiseleur Delongchamps démontre que, Manou est à beaucoup près le législateur le plus savant qui soit jamais passé sur la terre, il connaissait entièrement toute la science védique sur la vie éternelle, science qui était basée sur les lois de la Nature : — Manou s'est servi de cette science immense pour fonder le principe du gouvernement clérical, qu'il paraît avoir considéré comme une barrière entre les classes hautes et basses des sociétés.

Dans un but de paix sociale, Manou raya la loi des collectivités du droit gouvernemental ; — malgré sa haute science et même sa bonne volonté, on doit donc considérer Manou l'Ancien comme le premier violateur de l'esprit directeur de la Nature sur la terre.

Manou s'est trompé socialement et de bonne foi, comme tant d'autres souverains, philosophes et économistes l'ont fait depuis lui.

C.

L'esprit de la famille et le fils de l'homme.

L'esprit ou l'intelligence de toutes les créations dans la Nature, c'est la famille.

L'esprit fédérateur des intérêts de toutes les familles dans une conciliation générale, sociale et gouvernementale à la fois, a donc été justement appelé le fils de la famille, ou le fils de l'homme qui est le chef de la famille.

Sous sa double face, le principe familial réprésente le seul et unique élément directeur de chacun des mouvements de la vie générale.

⁎

L'esprit de famille èst l'unité trinitaire; — par ce motif, l'homme doit protéger la famille, la respecter et en aider chacune des manifestations au travers des âges de la vie universelle.

Tout sort de la famille, tout rentre dans la famille, la famille crée toute chose ; — en un mot, rien ne peut se produire nulle part sans provenir d'un mouvement trinitaire, qui est celui familial.

Enfin, la famille, pivot, essence et substance de toute chose, représente l'alpha et l'oméga de tout ce qui existe.

Voici le libellé des deux principes directeurs de la Nature dont l'un est père et l'autre fils :

1º La famille, cause primordiale, père ou Brahma des deux sexes, existant et se reproduisant par lui-même;

2º Le fils de l'homme, science des relations familiales, Dieu de la sociologie, qui doit rendre chacune des familles heu-

reuses par l'aplanissement des différends et l'organisation générale de tous les genres de mutualité.

De par ces deux principes créateurs et conservateurs tout
à la fois :

A. Un homme jouissant d'un pouvoir terrestre quelconque
qui parle et agit contre le fils de l'homme, en divisant les
intérêts humains au lieu de les réunir, — est un coupable vis-
à-vis de la loi naturelle, qui devra souffrir beaucoup pour nettoyer les souillures dont il a saturé ses fluides, en attaquant et
combattant l'esprit des relations sociales dont il est une parcelle.

B. Un autre homme jouissant d'un pouvoir terrestre quelconque et qui parle et agit contre le principe vital de la Nature, est un beaucoup plus grand coupable, qui devra réparer
pendant de longues générations le changement de nature qu'il
aura fait subir aux fluides dont il est formé, en s'attaquant au
créateur universel, — qui est l'esprit de famille, — et en le
détournant partiellement de ses voies régénératrices.

Le grand Philosophe a réglé, ou plutôt tracé la règle de la
punition fatale de ces deux coupables par ces mots :

« *Il pourra être pardonné à celui qui aura parlé contre le fils*
de l'homme. »

« *Mais quant à celui qui aura parlé contre l'esprit, il ne lui sera*
pardonné ni dans ce siècle ni dans celui qui est à venir. »

Nota. Le siècle dont il est ici question comporte des périodes fort longues de temps, correspondantes exactement à
celui qui est nécessaire pour réparer entièrement le tort qui
a été fait à l'esprit de la famille.

———

C'est ainsi que le mal doit fatalement être guéri par le fautif dans chacun des détails du plan du grand Architecte de l'univers, qui a pour devise : *Réciprocité*.

C 1.

Manou — le Christ.

Les paroles principales du grand Philosophe spiritualiste m'ont démontré que, lui, Jésus de Nazareth, est le seul homme de notre génération actuelle, qui ait pu animer le fils de la Nature nommé le divin Manou ou le divin penseur.

Manou l'Ancien a cru, en effet, sauver le monde de l'avenir des longues et terribles révolutions de race à race, en organisant fortement les castes sacerdotales avec les hommes les plus sages, les plus prudents, les plus intelligents, et par conséquent les plus honnêtes des nations (1).

Manou l'Ancien a cru former ainsi une digue le long du chemin parcouru par les races humaines à travers les âges, — digue à laquelle il avait assigné la mission de moraliser les classes inférieures en intelligence par des lois écrites.

Ce raisonnement spécieux est encore celui des sectes et corporations privilégiées, il est absolument faux, — car rien ne peut être organisé par des hommes en dehors de l'esprit de la famille et des rapports mutuels de tous.

Manou l'Ancien s'est donc trompé ; mais comme il a été l'inventeur de ce système social qui n'a produit que le mal, il a dû passer de longues, nombreuses et douloureuses existences pour réparer sa faute immense : — Bien des fois cet esprit supérieur a éclairé le monde par son génie colossal, — mais chaque fois il a été vaincu par les mêmes sectes sacer-

(1) Les lois de Manou ont cela d'original, qu'elles appellent *création* le règne des sectes sacerdotales, que Manou considère dans ses lois comme le vrai commencement du monde civilisé.

dotales qu'il avait fortement organisées le premier sur la terre.

*
* *

Yezeus Kristna de Madura (*Inde*) fut l'une des brillantes incarnations de Manou l'Ancien.

Aussi, Kristna fut tué par les prêtres et sa doctrine sociale individualisée, étouffée et corrompue plus tard par le brahmanisme, qui en fit un puissant moyen pour la continuation de son despotisme.

En dernier lieu, le premier Manou est encore venu payer de sa vie sur une croix, l'erreur sociale qu'il a commise depuis près de trente mille ans. — En Judée, comme dans l'Inde, ce sont toujours des prêtres qui ont tué celui qui s'est donné la mission d'être le Christ de l'humanité, afin de remettre les sociétés sur la voie de l'esprit de la famille dont il les a détournés dans un moment d'erreur.

Par une amère dérision du sort dans lequel le maçon Jésus est entré volontairement au commencement de ce monde, — ce sont encore les sectes sacerdotales qui, sous le nom de christianisme et de catholicisme, ont corrompu entièrement et complètement dans la pratique, la sublime sociologie du charpentier Jésus de Nazareth.

Par ces quelques révélations historiques, l'on voit grandir et devenir à l'état d'inscription lumineuse le cri de regret que le dernier Christ a résumé dans ces mots :

« *Il ne sera pardonné ni dans ce siècle ni dans celui qui est à venir, à celui qui aura parlé contre l'esprit du règne social de la famille.* »   (MATTHIEU, chap. XII, verset 32.)

Et pourtant ;
Ce que Manou a fait devait être fait.

Parce que le monde devait être civilisé d'ensemble suivant le cours de l'étoile lumineuse ; — cela veut dire que la civilisation terrestre devait marcher d'Orient en Occident comme elle le fait partout : — Enfin le temps était arrivé où l'harmonie védique devait être brisée ; — du reste, l'harmonie védique s'était déjà brisée elle-même, afin que ses épaves populaires aillent d'émigrations en émigrations féconder moralement et même matériellement les races humaines de toutes la terre, comme elles l'ont fait pendant vingt mille ans.

Malgré cela, le premier Manou a été coupable en organisant la dissolution védique contre l'esprit de la famille !

Le dernier Christ nous a résumé tout cela d'une voix déchirante en ces termes :

« *Il faut que des scandales arrivent dans le monde, mais malheur à celui par qui le scandale arrive.* »

Voici l'explication scientifique de cet enseignement, qui me paraît l'un des plus élevés qui aient encore été donnés au monde.

EXPLICATION. Il faut nécessairement un pôle positif pour tranformer par la souffrance chacun des êtres ou des groupes d'êtres qui a un ou plusieurs points négatifs à brûler pour leur redonner la vie militante ; — mais malheur à celui qui accepte d'être le bourreau, c'est-à-dire le pôle positif de n'importe quelle négation partielle ou d'ensemble de la vie générale.

Par la raison que :

Bien qu'officiel, le bourreau a transgressé l'esprit de la famille universelle relativement à lui-même ; — ayant détourné ses propres fluides de la voie tracée par la Nature, il doit purifier sa vie par des redressements dont l'importance et la durée sont fatalement proportionnelles à l'œuvre qu'il a accompli et qu'il aurait pu accomplir autrement.

Le Maître nous a encore tracé lumineusement la mesure des reponsabilités humaines par ces trois paroles :

« *Faites du bien à ceux qui vous font du mal.* »

« *A chacun selon ses œuvres.* »

« *Celui qui se servira de l'épée, périra par l'épée.* »

D. .

Les principes vitaux.

Le Maçon Jésus nous a démontré bien des fois l'esprit des principes vitaux de la Nature qu'il n'a pas suivi lui-même à une époque, — c'est-à-dire qu'il a oublié un des grands jours de sa vie éternelle dans un moment d'erreur qu'il faut bénir, puisque nous lui devons les enseignements sublimes des deux derniers Christs, ainsi que ceux de toutes les autres existences du divin Manou roi et législateur des Indes de l'extrême antiquité.

C'est ainsi que l'harmonie universelle appelé le grand Architecte par la Maçonnerie, met en tout et partout la vie en place de la mort, avec le temps, cela veut dire par la pratique des âges dont les époques patriarcales nous ont enseigné la science sous le nom de : *la Philosophie numérique.*

*
* *

Deux instructions basiques (*si je puis m'exprimer ainsi*) ont été formulées par le Maçon Jésus afin d'éviter à l'Humanité de retomber dans l'erreur, lorsqu'elle en sera sortie par le règne du Fils de l'homme si énergiquement annoncé dans les évangiles.

« 1° *Il fait pleuvoir sur les bons et les mauvais, et fait luire son soleil sur les justes et sur les injustes.* »

« *Soyez donc parfaits comme le grand Architecte de l'univers est parfait.* »

INSTRUCTION. Chaque plante reçoit le soleil et la pluie, puis, occupe une plus ou moins grande partie de territoire suivant l'importance et les vertus qu'elle a reçues en naissant; — il s'agit tout simplement d'organiser les sociétés pour que l'homme obéisse facilement à cet ordre, en les faisant diriger par l'esprit de la famille qui gouverne les plantes terrestres; — alors, tout marchera vers le développement du progrès, dans la juste proposition assignée momentanément à chacun des êtres le jour de sa naissance.

Cela sera ainsi parce qu'alors, — **le gouvernement des hommes sera parfait, comme le grand Architecte de la Nature est parfait.**

Cette situation sociale rendra tous les hommes aussi bons que leur avancement sur l'échelle des âges le permettra, par la raison qu'ils auront intérêt à être bons.

2° « **Quant aux hommes c'est impossible, mais quant à Dieu** (*ou à la collectivité*), **toutes choses sont possibles.** »

INSTRUCTION. Depuis le plus fort jusqu'au plus faible, depuis le plus ignorant jusqu'au plus instruit, tous les hommes sont des spécialistes; — cela veut dire que nous avons chacun une sphère d'action en dehors de laquelle nous sommes tous plus ou moins faibles et même plus ou moins nuls.

Par ce motif, ainsi que par celui qui consiste à penser que les temps de la rénovation humaine sont arrivés.

L'homme croyant aujourd'hui que les grands peintres, architectes, musiciens, hommes d'Etat, écrivains, philosophos, penseurs ou travailleurs de tous les genres ont appris ce qu'ils savent dans une seule existence; — ou bien que, — le fameux Dieu-individu leur a modelé les lobes du cerveau pour les doter plus ou moins bien des talents spéciaux indiqués ci-dessus; — l'homme qui croit cela, dis-je, est un enfant qui sera bientôt jugé comme un être absolument rudimentaire dans les sociétés.

*
* *

Malgré son instruction transcendante et une élévation morale que l'on rechercherait encore inutilement sur toute la terre pour trouver sa pareille en nos temps actuels; — Manou l'Ancien était un spécialiste par mission, absolument comme les autres hommes.

En effet chacun des fils de la Nature doit se donner lui-même toutes les vertus matérielles et morales, en passant bien des éternités dans chacune des formes du plan du grand Architecte de l'univers.

Une fois parvenu à l'homme doté du Verbe, l'homme doit passer bien des fois encore dans chacune des spécialités du travail humain qui a pour modèle les diverses formes de la Nature, avant que d'arriver aux directions sociales.

Arrivé aux directions sociales, l'homme doit se souvenir (*sous peine des plus terribles punitions*) de l'esprit de la famille qui l'a créé complètement dans chacune de ses phases vitales.

Par les motifs ci-dessus:

Manou l'Ancien n'a pu arriver à occuper la grande position terrestre que nous lui connaissons, qu'après avoir rendu à l'Humanité les plus signalés services tout le long de la très longue période du Paradis terrestre.

Manou — le Christ nous l'apprend lui-même en ces termes:

« *Glorifie-moi, toi mon père, de la gloire que j'ai eue vers toi, avant que ce monde fût fait.* »   (JEAN chap. XVII, 5.)

Parlant à ses amis, le dernier Christ leur dit dans le même ordre d'idées :

« *Vous rendrez témoignage de ce que j'ai fait, parce que vous êtes dès le commencement avec moi.* »

(JEAN, chap. xv, verset 27.)

Manou était donc un spécialiste des sciences sociales arrivé à la grande position qu'il a si longtemps occupée à la tête de 200 millions d'Indiens, en récompense de ses talents et des services qu'il avait rendus à l'Humanité primitive, dans le cours de sa vie éternelle.

Arrivé au pouvoir suprême, Manou fut péniblement affecté par les immenses désordres auxquels s'étaient livrées les populations de la race servile dirigée par les déclassés des races supérieures, dans le cours des longues années pendant lesquelles elles eurent partiellement la victoire au travers des immenses territoires des deux côtés du Gange.

*
* *

Alors, — **celui dont le pouvoir était immense** (*comme le Manava-Dharma-Sâstra appelle Manou l'Ancien dans le quatrième scolas du livre premier*) — oublia un instant la grande loi familiale de la Nature et organisa les hommes les plus élevés moralement, pour gouverner à merci les espèces de populations bestiales qu'il avait peut-être vues se livrer aux débordements les plus extravagants.

Mais Manou le Divin s'est trompé !

Les hommes vertueux qu'il fit riches et puissants pour les désintéresser de l'envie eurent naturellement des successeurs, ces successeurs se corrompirent peu à peu par la fortune et la puissance.

Manou eut beau enseigner (*dans les termes les plus savants*) la pratique de la vie terrestre à ses puissants Brahmanes afin de leur faire mériter le bonheur des existences suivantes, — les successeurs de Manou exploitèrent tout simplement le règne de quelques-uns établi par leur maître et ne se servirent de leur puissance, que pour dépouiller et aveugler les populations que la loi de Manou leur avait donné à gouverner.

C'est donc au nom de la vérité éternelle qu'il connaissait, que Manou l'Ancien a solidement organisé le règne du mal sur le premier grand peuple civilisé de la terre, en pensant organiser celui du bien.

L'erreur de Manou sur l'application sociale des lois de la Nature, est retombée sur lui en pluie de feu tout le long de ses existences suivantes ; — Manou a formulé son erreur d'une voix inspirée par cette parole du grand Philosophe :

« **Quant aux hommes, c'est impossible ! !** »

Parole profonde, qui nous présente l'esthétique de toute la science sociale dans cinq mots.

*
* *

« *Malheur à vous, lorsque tous les hommes diront du bien de vous ; car leurs pères en faisaient de même des faux prophètes.* »

(Luc, chap. VI, 26.)

Cette critique directe que Jésus fait de Manou plus de vingt-cinq mille ans après la mort de l'inventeur des sectes sacerdotales et des castes, nous rappelle que :

Les louanges les plus élevées et même les plus exagérées se sont attachées au nom de Manou le Divin, pendant presque tout le temps qui nous sépare de lui ; — mais pendant ce long espace de temps, toutes les horreurs possibles se sont exécutées des milliers de milliers de fois par les sectes sacerdotales, que Manou avait pourtant cru organiser dans un but de régénération humaine !

Il faut connaître à fond les lois de la transmigration des êtres pour se représenter exactement les tortures morales souffertes par Manou l'Ancien, chaque fois qu'il revenait s'absorber dans le sein de son père après une nouvelle existence de réparation, et partant de solide instruction, — car il voyait clairement et généralement à nouveau les effets désastreux du système individualiste dont il avait organisé le gouvernement sur la terre.

Les longues et douloureuses épreuves ont néanmoins donné à Manou l'auréole de gloire dont nous ne connaissons d'une façon certaine les rayons lumineux, que pour deux de ses plus brillantes existences, savoir :

    1° Yezeus Christna ;

    2° Le Maçon Jésus de Nazareth.

Malgré l'immense espace de temps qui sépare Manou l'Ancien de Jésus de Nazareth, les regrets du directeur social de l'Humanité semblent toujours aussi vifs, — il fait constamment allusion à son antique erreur, afin d'en garantir les apôtres qu'il forme depuis cette époque pour réorganiser le Paradis terrestre sur la terre; — réorganisation qui construira la troisième personne du mouvement général de l'Humanité terrestre, mouvement qui a lieu depuis la première période patriarcale, c'est-à-dire depuis la deuxième époque sociale du monde actuel, dont la première a commencée après que les Titans furent précipités du ciel, c'est-à-dire depuis que les premières peuplades des trois races primitives eurent anéanti les bandes armées, dont les chefs voulaient déjà réduire les peuples en servitude afin de s'emparer du produit de leurs épargnes.

*
* *

Par l'histoire sociale du directeur et modèle de l'Humanité qui précède, on voit clairement que :

Tout homme qui a occupé, occupe ou occupera des fonctions ou positions dans les sociétés, par le moyen desquelles
il aura dirigé les intérêts sociaux en dehors de l'esprit des lois
naturelles de la famille, et cela à n'importe quel degré ou proportion : — Cet homme, dis-je, aura par le fait parlé plus ou
moins contre l'esprit de la famille ou contre le fils de l'homme;
il sera, par conséquent, jeté pour plus ou moins longtemps
selon l'importance de ses fautes, dans les existences douloureuses du bas-fond des sociétés.

Le grand Philosophe de la Nature nous a appris en ces
termes aussi précis et énergiques qu'absolument et exclusivement vrais, les punitions journalières de ce genre qui sont
opérées par la force même de la loi vitale :

« *Toute plante que mon père céleste n'a point plantée, sera arrachée.* »

Puis, par cette autre parole qui est une des explications de
la première :

« *Que celui qui veut être votre maître soit votre serviteur.* »

E.

Explications utiles.

La similitude morale qui existe entre les importants personnages historiques qui se sont appelés Manou l'Ancien,
Yezeus Kristna et Jésus de Nazareth, frappera chacun des
hommes érudits qui comprendra l'évidence de la loi de transmigration des êtres.

En effet, étant donné la vérité de l'existence de la loi de
transmigration, quels sont les hommes autres que les deux
Christs, et peut-être le divin pariah Tirouvallouva, qui pour-

raient être comparés à la grande figure de Manou l'Ancien, le régénérateur de la race humaine détruite?

Quant aux hommes dont l'esprit ne peut pas encore percevoir et s'assimiler la loi de transmigration, ce sont des natures rudimentaires avec lesquelles on ne peut pas discuter les sujets élevés.

Il en est également de même des hommes qui veulent fermer quand même leurs oreilles aux vérités éternelles; — le compagnon Jésus disait de ces derniers :

« *Ils ne veulent point comprendre mes paroles, parce que leurs œuvres sont mauvaises.* »

RÉFLEXION. Ah si ces malheureux savaient tout l'intérêt moral et matériel, présent et avenir, qu'ils auraient à suivre les voies sociales de l'esprit de la Nature??

F.

L'individualisme et la collectivité d'après le Christ.

> Le règne des pères de famille, c'est Dieu.
> Le règne de l'individualisme, c'est le diable.
> (Cette opinion est exprimée dans les quatre évangiles.)

De même que le crime, le système social de l'individualisme se pratique, mais ne peut pas se discuter.

Aussi, les sectes judaïques ont tué le Christ parce qu'elles ne pouvaient rien répondre aux raisonnements suivants du frère Jésus.

———

S'adressant aux pharisiens, membres des sectes sacerdotales de Judée, — sectes qui régnaient civilement et religieusement au moyen du système social de l'individualisme, absolument comme les cléricaux et les castes gouvernantes d'aujourd'hui, — le grand Philosophe de la Nature les apostropha ainsi :

« Si Dieu était votre père, vous m'aimeriez sans aucun doute, parce que ma mission sociale est issue de Dieu et que je viens de sa part (1). »

« Le père dont vous êtes issus c'est le diable (2), il a été meurtrier au commencement, et il n'a point persisté dans la vérité, parce que la vérité n'est point en lui, toutes les fois qu'il dit le mensonge, il parle de son propre fond; car il est menteur et père du mensonge. »

(JEAN, VIII, 42 et 44.)

INSTRUCTION. — Lorsqu'un peuple s'est constitué des épargnes par le travail et les intérêts organisés corporativement, cela veut dire **maçonniquement,** — alors, les partisans du Dieu-individu que le Christ nomme le Diable, se réunissent en corps d'armée afin de s'emparer des territoires des peuples laborieux par la guerre et le meurtre ; — puis, au nom du Dieu-individu qui est leur père spirituel, les individualistes font travailler les terres au profit de leurs chefs par les populations vaincues, exactement comme les Francs l'ont fait faire aux Gaulois des campagnes de France depuis le cinquième siècle de notre ère jusqu'en 1789.

Le maçon Jésus a donc bien raison de dire que le Dieu-individu est toujours meurtrier au commencement du règne

(1) Tout homme qui enseigne la pratique véritable des lois de la Nature, vient de la part de Dieu, c'est-à-dire du grand architecte feu et eau.

(2) L'individualisme au pouvoir, exploite les masses au profit de quelques hommes. — L'égoïsme non réglementé collectivement fait exploiter les masses par les plus malins des sociétés : — Le tout représente le règne du mal dont le Christ résume toutes les faces sous le nom de : LE DIABLE.

des individualistes sur un pays, et qu'il est le père du mensonge; — car l'individualisme étant une exploitation par le droit, la force et l'adresse, le mensonge est partout et la vérité nulle part dans ce règne pervers, si ce n'est au foyer de la famille consanguine où elle se cache.

*
* *

A propos des conquêtes guerrières et législatives des peuples par les individualistes, le grand moraliste a encore dit ces belles paroles :

« *Celui qui n'entre pas par la porte dans la bergerie des brebis, mais qui y monte par un autre endroit, est un larron et un voleur.* »

« *Tous ceux qui sont venus avant moi ont été des larrons et des voleurs* (1). »

« *Je suis la porte, si quelqu'un entre par moi, il sera sauvé, il entrera et sortira et trouvera de la pâture* (2). »

« *Le larron ne vient que pour dérober* (c'est-à-dire pour s'emparer de l'impôt des populations laborieuses), *pour tuer et détruire, mais moi je suis venu pour donner la vie avec abondance aux brebis*, etc., etc. »

(JEAN, X, 1, 8, 9 et 10.)

INSTRUCTION. — De même que l'oiseau appelé le coucou ne peut pondre et se multiplier que dans le nid des autres oiseaux, de même l'individualisme, qui est un larron comme l'a si bien

---

(1) Le Christ fait naturellement allusion ici à toutes ses anciennes existences et entre autres à celle de Krisina (4800 ans avant notre ère).

(2) Cela veut dire qu'il sortira et rentrera incessamment dans la vie corporelle en trouvant toujours sa vie et son lendemain assurés par le règne des collectivités, dont la sociologie du Christ représente LA PORTE UNIQUE.

dit le Maître, ne peut rien développer par lui-même car il ne sait pas travailler, il n'est que spéculateur, c'est-à-dire mulet de Nature.

L'individualisme est donc voleur et trompeur, puisqu'il est improductif et que ses adeptes ont de grands besoins.

Aussi, ce n'est que lorsqu'un peuple s'est constitué des épargnes, que l'individualisme vient pour les lui dérober par les impôts de l'argent et du sang, qu'il lui impose par la force.

Le règne du Christ est celui de tous, il donne la vie avec abondance à ses enfants par l'organisation du travail et des intérêts, qui a la mutualité pour moyen pratique et la famille pour temple.

EXEMPLE. — Si, lorsque le règne des collectivités régnera complètement sur la France, — son syndicat national s'avisait de transporter tous les individualistes (*compromis ou reconnus pour tels*) avec leurs familles et leurs biens dans une colonie toute neuve et non habitée, qui leur serait donnée en toute propriété à la seule condition de s'y établir et d'y vivre sous le système social de l'individualisme;

Malgré les excellentes conditions dans lesquelles ces familles se trouveraient, elles ne pourraient pas vivre par l'individualisme et seraient obligées d'organiser le système patriarcal, ou plutôt le système social patriarcal s'imposerait par la force même des choses, parce que ce système donne la vie aux sociétés et que l'individualisme est un suborneur, — qui ne peut pas fonder un ménage car il n'est bon qu'à vivre dans le ménage des autres, — au sein duquel il apporte la discorde, le pillage, la guerre, la loi écrite et le papier timbré.

G.

Troisième époque sociale de ce monde.

Le renouvellement.

La chute du système social de l'individualisme ainsi que la juste influence des collectivistes dans le nouveau régime qui va venir, nous a été annoncée sans ambiguïté par ces paroles du Maître :

« *Je vous dis en vérité à vous qui m'avez suivi, que lorsque le fils de l'homme sera assis sur le trône de sa gloire,* **dans le renouvellement qui doit arriver,** *vous serez également assis sur des trônes, jugeant les peuples de toute la terre.* »

« *Et quiconque aura quitté des maisons, ou des frères, ou des sœurs, ou son père, ou sa mère, ou sa femme ou ses enfants, ou des champs, à cause de mon nom, il en recevra cent fois autant, et héritera la vie éternelle.* »

« *Mais plusieurs de ceux qui étaient les premiers seront les derniers, et ceux qui étaient les derniers seront les premiers.* »

(MATHIEU, XIX, versets 28, 29 et 30.)

Le grand Philosophe a dit encore à ce sujet aux hommes qui ne voient pas que le fils de l'homme frappe à la porte de toutes les nations.

« *Quand le soir est venu, vous dites : Il fera beau temps, car le ciel est rouge.* »

« *Et le matin vous dites : Il y aura aujourd'hui de l'orage, car le ciel est sombre et rouge. Hypocrites ! vous savez bien discerner l'apparence du ciel, et vous ne pouvez pas discerner les signes des temps ?* »

(MATHIEU, XVI, versets 2 et 3.)

***

Le divin Moraliste reviendra sur terre habiter parmi nous, lorsque le règne des collectivités sera fortement organisé dans une ou plusieurs grandes nations.

Il est vrai que le compagnon Jésus a dit aussi que :

« Quand le consolateur sera venu, il convaincra le monde de justice, parce que je m'en vais à mon père, et que vous ne me verrez plus. »

(JEAN, XVI, versets 8 et 10.)

Cela signifie simplement ceci : — l'incarnation de Manou-Jésus de Nazareth était la dernière de ses épreuves sous le règne de l'individualisme.

Mais je répète que le Christ reviendra vivre parmi nous, voici les paroles par lesquelles il nous l'a annoncé.

Communiant avec ses adeptes au temps de la Pâque, l'ami de l'Humanité nous rappela que le pain et le vin étaient scientifiquement le corps et le sang de la Nature, que lui, Jésus, représentait par l'explication de ses lois ; — puis, il nous annonça que la nouvelle alliance du corps et de l'esprit humain viendrait par la connaissance de toutes les sciences matérielles, représentées par le produit le plus parfait des deux premiers règnes de la Nature, qui est le vin.

C'est alors qu'il s'écria :

« Buvez-en tous, car ceci est mon sang, le sang de la nouvelle alliance ; — or, je vous dis que désormais je ne boirai point ce fruit de la vigne, jusqu'à ce jour auquel je le boirai NOUVEAU avec vous dans le royaume de mon père. »

(MATHIEU, XXVI, versets 27, 28 et 29.)

Le royaume du père, c'est le règne de la justice sur la terre qui donnera du vin nouveau à boire à tous les maçons du grand Architecte de l'univers, par l'organisation du travail et des intérêts.

Du reste, les premiers Védas brahmaniques nous annoncent très catégoriquement que, le dernier Manou doit revenir sur terre à peu près dans les temps où nous vivons.

Apprêtons-nous donc à revoir et dignement recevoir l'Apôtre du monde, qui en dirige les civilisations depuis le commencement des âges du Verbe ; — afin que l'on ne puisse pas accuser les Français comme il a été fait autrefois pour les Juifs dans les évangiles, savoir :

Il est venu chez soi ; et les siens ne l'ont point reçu.

(JEAN, chap. 1er verset 11.)

TRAIT D'UNION

ENTRE LES DEUXIÈME ET TROISIÈME CHAPITRES DE CE VOLUME

———————

> « Et l'on ne dira point : — LE voici qui
> est ici ; ou — LE voici qui est là ; car voici,
> LE RÈGNE DE DIEU EST AU MILIEU DE VOUS. »
> LUC, XVII, 21.

Je viens de terminer ce chapitre par un résumé de l'histoire sociale du directeur spirituel de l'Humanité, qui nous a annoncé en ces termes non équivoques et avant d'être assassiné pour la dernière fois par les prêtres, la venue prochaine du fils de l'homme.

> *« Et même je vous dis que vous verrez* CI-APRÈS *le fils de*
> *« l'homme assis à la droite de la puissance de Dieu. »*
> MATHIEU, XXVI, 64.

Il y a plus de dix-huit cents ans que ces paroles ont été prononcées et le mot **ci-après** doit paraître étonnant aux personnes qui ne savent pas que, ces dix-huit siècles représentent une minime période d'âge (1), si l'on s'en rapporte à l'historien San-Ko-Nia-Thon, qui estime à plus de quatre-vingt mille ans la durée de la période védique ou du Paradis terrestre, laquelle a pris fin avec la révolution servile qui a précédé le long régime des castes sacerdotales et autres fondées par Manou l'Ancien, il y a environ vingt-cinq à trente mille ans.

(1) Un siècle est simplement un éclair dans l'éternité, a dit un adepte de la philosophie numérique ou mathématique.

Ceux qui nient les dates ci-dessus sont les successeurs des hypocrites et races des vipères, que le Christ a justement accusé d'avoir caché la clef de la connaissance par ce fait. (LA CLEF DE LA CONNAISSANCE EST CELLE DE L'HISTOIRE.)

Je ne parle pas de ceux qui nient ces dates par ignorance, car il faut simplement les leur apprendre.

**

Le contenu des deux parties de ce chapitre représente l'histoire scientifique, avec la théorie pratique du règne des lois naturelles.

Comme chacun des hommes instruits le sait et comme je l'ai répété à satiété, — le règne des lois naturelles a donné le paradis terrestre à l'Humanité primitive pendant beaucoup de milliers d'années.

A peu près tous les hommes intelligents du monde descendent donc des Indiens védiques et brahmaniques, puisque les émigrations indiennes ont colonisé le monde entier depuis vingt mille ans, jusqu'à quatre mille ans environ avant notre ère.

En plus, les racines de tous les mots importants de chacune des langues du monde, viennent exclusivement de la langue samscrite, qui est celle formée par la forte génération des hommes de l'époque patriarcale.

**

L'Humanité védique a perdu le Paradis terrestre par le désordre des mœurs, parce que les hommes de cette époque étaient en majorité trop jeunes dans la vie universelle, pour pouvoir soutenir victorieusement l'épreuve du bien-être général.

L'Humanité doit reconquérir le règne des collectivités,

lorsque la majorité des hommes intelligents aura acquis l'expérience, au moyen de la longue souffrance que leur impose le règne du mal depuis tant de milliers d'années.

Pendant les longs espaces de temps qui nous séparent des époques bienheureuses, — l'homme a acquis peu à peu la connaissance de toutes les sciences naturelles, qui forment la base ainsi que la démonstration de l'équité du règne social des pères de famille.

De toutes ses expériences et connaissances acquises, un fils doit naître ou plutôt un fils est né à l'homme en société ; — ce fils qui est l'esprit ou la troisième personne de la trinité sociale, sera, ou plutôt est d'ores et déjà le règne de la justice ou des collectivités.

Ce règne équitable a été magistralement appelé le fils de l'homme par le grand Philosophe de la nature, — mais les peuples tournent vers lui leurs regards d'espérance en l'appelant la CHOSE PUBLIQUE, et en pensant que, la République est l'x obligé de tout bon calcul social.

Les politiciens ont pu jusqu'ici détourner la République de son but, c'est-à-dire qu'ils ont retardé la venue du fils de l'homme qui est la CHOSE PUBLIQUE, tandis que le mot république n'en est actuellement que la forme, avec tous les attributs de la monarchie.

⁎

Avant que les terribles catastrophes guerrières et révolutionnaires prédites par le Maître pour la fin du vieux monde de l'individualisme se produisent,

« **Il faudra que le fils de l'homme souffre beaucoup** (a dit le compagnon Jésus de Nazareth) **et qu'il soit rejeté par cette génération.** »

Luc, chapitre XVII.

Mais pour que le fils de l'homme soit officiellement rejeté par cette génération, il faut naturellement qu'il lui soit légalement présenté ; — sans cette présentation officielle, cet acte prévu ne pourrait pas se voir constater par tout le monde comme il doit l'être.

Me conformant à ces considérations, — puis, ayant constaté que les temps prévus par le maçon Jésus sont proches, je me suis décidé à présenter le fils de l'homme à la génération christique dans le chapitre suivant, que j'ai nommé à cet effet le Bilan financier de la France.

Ce prochain chapitre est le dernier de cet ouvrage, il en est aussi le plus saisissant d'actualité et le plus matériellement pratique.

J'ai donc écrit ce chapitre dernier en espérant et désirant vivement que cette génération ne rejette pas le fils de l'homme que j'ai l'honneur de lui présenter sous toutes et chacune de ses faces scientifiques et pratiques ; — afin d'éviter à l'Humanité la grande punition qui s'approche rapidement.

Cette punition peut être évitée en accomplissant de suite la puissante et énergique REVANCHE DE LA FRANCE, par le travail et les intérêts organisés dans l'esprit de la famille.

Paris, 14 Juillet 1880.

FIN DU DEUXIÈME CHAPITRE DU TROISIÈME VOLUME

TABLE DES MATIÈRES

DU DEUXIÈME CHAPITRE DU TROISIÈME VOLUME

Pages.

PRÉFACE. — Secte et famille. 113

A. Exposé. 113

B. Le positivisme. 117

C. Les spéculations politico-sociales. 121

D. Les sectes 124

E. L'esprit de famille. 126

F. L'esprit de secte. 127

G. Mes aveux 131

LA FOI MAÇONNIQUE

1° La période patriarcale ou le Paradis terrestre. 133

A. La trinité individuelle. 135

B. Brahma ou le père. 136

C. La famille éternelle. 138

D. Le progrès indéfini 140

E. Le fils de l'homme. 142

F. Abraham ou A. Brahma. 145

G. Un seul Dieu tu adoreras. 148

H. Je suis le Dieu jaloux. 154

I. Comment l'on doit prier son père spirituel. 159

J. De la fidélité aux lois morales et matérielles de la nature. . . . 165

J. 1. La fidélité aux lois matérielles. 165

J. 2. La fidélité aux lois morales. 166

J. 3. La loi principale de fidélité. 167

J. 4. Lois générales de la fidélité 168

J. 5. La loi naturelle d'alliance 169

LA FOI MAÇONNIQUE

	Pages.
2° La porte du Paradis terrestre.	173
A. Le symbole évadien.	174
B. Manou l'Ancien	176
C. Conquête législative du premier peuple indien.	180
A. 1. Aperçu général.	180
B. 2. Sem, Cham et Japhet.	183
C. 3. Les trois races du Paradis terrestre.	188
D. 4. La décadence.	190
E. 5. La première révolution servile de l'Humanité.	191
F. 6. Causes de la première et plus considérable de toutes les révolutions de l'Inde.	196
G. La longue Révolution sacerdotale brahmanique.	204
H. Ce que dit l'histoire de Manou l'Ancien	206
I. J. K. Lois de Manou.	209
L. Un abus clérical.	215
M. Il faut que des scandales arrivent	216
N. Comment les traditions patriarcales de l'Inde antique sont arrivées jusqu'à nous	218

CONCLUSION

3° La science des destinées.	223
A. 1. Les trois mystères du catholicisme sont ceux du brahmanisme.	223
A. 2. La base de tous les éteignoirs civils et sacerdotaux antiques et modernes.	227
B. 1. Partie théorique de la science des destinées. La tradition historique.	233
B. 2. Dogme védique de la transformation des êtres.	234
B. 3. Les castes ou classes sociales du brahmanisme.	239
B. 4. Le Dieu de la Maçonnerie et ses Maçons.	242
B. 5. Progrès indéfini.	246
Partie pratique de la science des destinées. — Exposé	240
A. Comparaison physiologique.	251
B. Réparation.	252
C. Le clavier de la vie générale	253
D. Connais-toi toi-même	254

Pages.

E. Le faux enseignement du connais-toi toi-même. 255

F. Le véritable enseignement du connais-toi toi-même. 255

G. La pensée 257

H. Les mille et une notes fluidiques de la vie générale. 258

I. Le péché originel ou, c'était écrit. 260

J. La justice distributive 263

K. Les enseignements maçonniques du charpentier Jésus 264

L. La responsabilité proportionnelle. 267

M. L'avoir général des parties du Grand Architecte. 270

N. La parabole maçonnique du Christ. 272

O. Explications complémentaires. 276

LES TROIS ÉPOQUES CRÉATRICES DU MONDE ACTUEL

A. La science des créations. 279

A. 1. La première époque sociale de ce monde. 282

B. La loi de construction universelle. 285

B. 1. La deuxième époque sociale de ce monde. 286

C. L'esprit de famille et le fils de l'homme. 288

C. 1. Manou — le Christ. 290

D. Les principes vitaux. 293

E. Explications utiles. 296

F. L'individualisme et la collectivité d'après le Christ. 300

G. Troisième époque sociale de ce monde. — Le renouvellement. . 304

TRAIT D'UNION ENTRE LES DEUXIÈME ET TROISIÈME CHAPITRES DE CE VOLUME. 307

F. Aureau. — Imprimerie de Lagny.

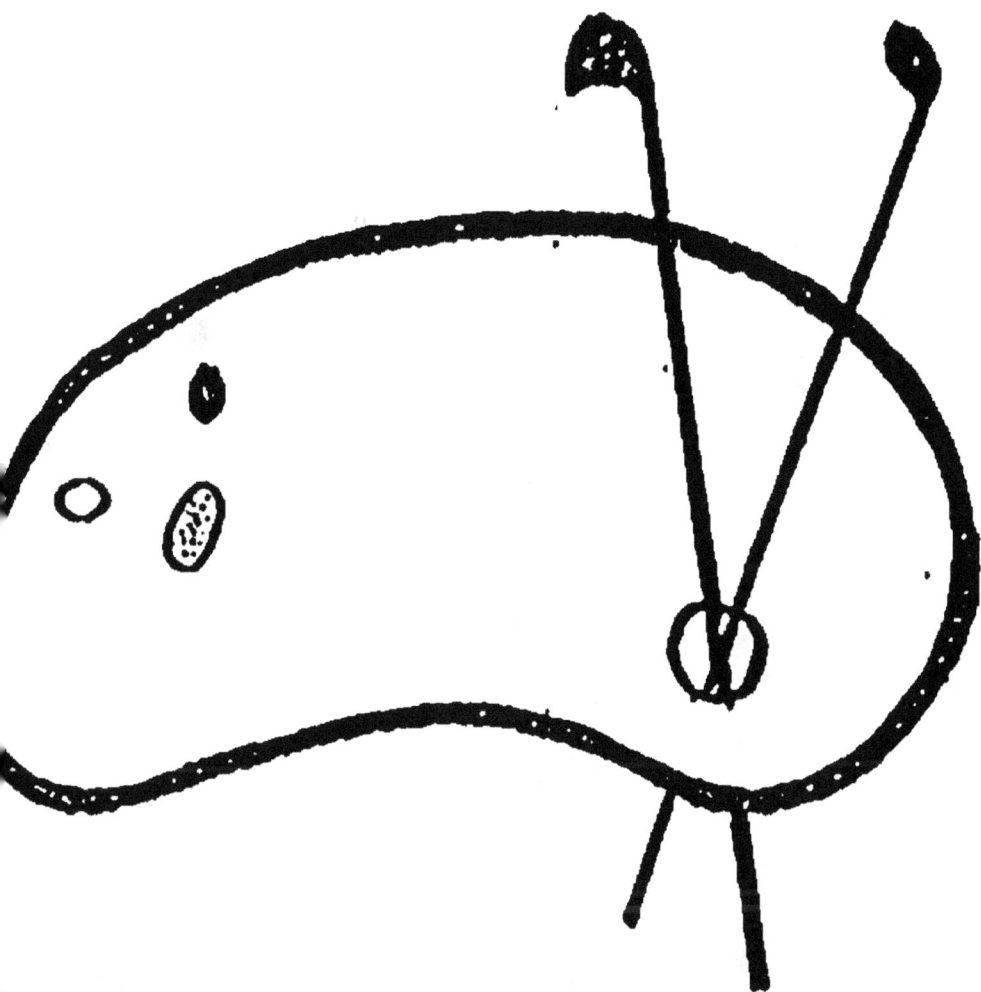

ORIGINAL EN COULEUR
Nº Z 43-120-8

www.ingramcontent.com/pod-product-compliance
Lightning Source LLC
Chambersburg PA
CBHW072223270326
41930CB00010B/1966